Fora da caridade não há salvação

Umbanda e Espiritismo:
Preceitos do Cristo

FICHA CATALOGRAFICA

Autor
Alexandre Guimarães Santos

Colaboração
Emanuel Vitor Nunes Silva

Editoração e Capa
Leandro Faliveni

Capa
Crédito Imagem: Adobestock.com

Revisão
Alexandre Guimarães Santos

Fora da caridade não há salvação

Umbanda e Espiritismo: Preceitos do Cristo

Autor: Alexandre Guimarães Santos
Colaborador: Emanuel Vitor Nunes Silva

DEDICATÓRIA

Dedico este livro ao meu tio Anacleto Janerilo Filho (*in memorian*). Entrei para a religião da Umbanda ainda na pré adolescência, por sua influência moral, presenciando sua dedicação e amor empregados durante toda sua vida á causa da caridade e da religião Umbanda. Estes foram os alicerces que despertaram em mim, o desejo de conhecer, praticar e estudar esta fascinante escola religiosa, bem como pelo desejo quase voraz de ler os muitos livros Espíritas que ele sempre mantinha em sua estante da sala, onde eu pedia emprestado e me fascinava com as leituras encantadoras revelando o mundo espiritual, as elucidações filosóficas e os muitos romances abordados pelos diversos autores Espíritas.

Meu tio "cletinho" como é conhecido representou para minha pessoa, o exemplo de homem digno, reto e que busca no olhar positivo das diversas situações que atravessamos, o entendimento para o esclarecimento de nosso próprio caminho.

Também dedico esta obra ao Caboclo Tupimanbá que me acolheu neste novo país que decidi viver. Longe de minha casa, da família e dos amigos, este imigrante foi recolhido de braços abertos pela Seara, em especial pelo Sr. José Pelintra, que de pronto já pronunciou seu convite irrecusável: "vamos trabalhar meu filho, trabalhar na Seara do amor e da caridade".

O presente trabalho é fruto do esforço coletivo entre o autor e diversos mentores Espirituais da Seara, por esse motivo, na forma de agradecimento fraterno, todos os direitos autorais foram doados a manutenção da Seara de Caridade Caboclo Tupinambá.

Agradeço a todos os mentores que apoiaram e incentivaram na execução desta obra, esperamos que possa servir para reflexão e amparo aos corações que buscam entendimento.

ALEXANDRE GUIMARÇÃES SANTOS

Prefácio

Leitor amigo,

Infindáveis podem ser as indagações, preconceitos ou dúvidas em relação ao mundo espiritual. Desde o berço da humanidade nos deparamos com fenômenos mediúnicos que em suma visam a evolução do próprio homem.

O Espírito mais iluminado que este planeta pode presenciar, veio revelar "o reino de Deus dentro de nós" – Lucas 17:21; esse foi o ponto de partida para a humanização do homem, no sentido estrito da palavra: para a busca de sua espiritualidade.

O presente trabalho aborda questões do cotidiano das práticas dogmáticas de uma casa Umbandista procurando alinhar os pontos onde se convergem os ensinamentos didádicos do Espiritismo.

A proposta apresentada procura desmistificar "pré-conceitos" entre ambas as escolas religiosas. Sob o ponto de vista dos fundamentos do Cristianismo primitivo, a fraternidade entre os homens, é o elo que une os corações em direção a Deus, nesse ínterim, se manifesta sempre onde é convidada.

Fora da caridade não há salvação: Umbanda e Espiritismo, preceitos do Cristo, busca retratar que o mais importante na interação com o mundo espiritual, é a certeza que acima de tudo, nosso Rabi da Galiléia orienta a todos, deixando-nos a liberdade de procurar nos diversos modelos educandários, aquilo que melhor representa nosso entendimento na eterna estrada do aprimoramento.

Que nosso Bom Deus abençoe a todos nós...
Amém!
Saravá!

Alexandre Guimarães Santos
Deerfield Beach – 02 de Abril de 2018

NOTA DO AUTOR

Fora da caridade não há salvação: Umbanda e Espiritismo, Preceitos do Cristo, é uma obra direcionada ao público em geral, especificamente aos adeptos Umbandista e Espiritas, como forma de esclarecimento aos muitos pontos em comum entre ambas as religiões e deveras divergentes entre si, elucidar tais divergências e esclarecer que em essência o que existem são formalismos da tradição de cada uma.

Esta obra em sentido geral, objetiva apresentar alguns conceitos relacionados á pratica da tradição umbandista aliada aos ensinos metodológicos da Doutrina Espírita á luz do Evangelho Cristão. Em sentido específico, procura levar aos praticantes umbandistas os conceitos do Cristianismo redivido apresentado pela Doutrina Espírita, bem como aos praticantes do Espiritismo como forma de ideologia religiosa, conceitos das práticas de caridade e fraternidade elencados pela tradição umbandista.

Não procuramos estabelecer paradigmas ou regras de conduta para ambas as escolas religiosas, mesmo por que a Umbanda, diferente da ideologia Espírita, não foi e nunca será codificada, sua forma de atuação e manifestação difere nesse sentido. Tampouco suponhamos esgotar o assunto, apresentando pequenos e esparços resumos de estudos e teorias geralmente adotados e aceitos.

Para a Umbanda, reconhecemos que seus praticantes carecem no sentido genérico da palavra, um aprofundamento maior acerca do conhecimento dos evangélios e ensinos trazidos pelo Cristo, no sentido de estabelecimento de uma fé alicerçada pela razão. Houve um tempo em sua tradição, que os praticamentes não detinham quase nenhum conhecimento acerca dos evangelhos, apenas repetiam o que ouviam dos seus mentores, pretos velhos que traziam o rosário de Nossa Senhora e declamavam o perdão ensinado pelo Cristo, caboclos que pediam aos médiuns que procurassem pensar em Oxalá, sincretizado como nosse Senhor Jesus Cristo, entre outros.

Muitos dos ensinos na Umbanda eram e ainda são trazidos pelos mensageiros que nessa escola se apresentam: pretos velhos, caboclos, Exús, boiadeiros, crianças, etc, que falam em nome do Cristo, ensinam a prática do amor e da caridade, outros muitos, trazem consigo recordações de seu passado na ideologia cristã, revelando interpretações das parábolas, dos textos evangélicos á luz da razão espírita, resignificando que a mensagem do Cristo é atual e carente de profundos estudos.

Entendemos que a todos os que trabalham na Seara do amor e da caridade, indistintamente de ideologia religiosa professada, corrobora a mensagem do Espírito de Verdade apresentada no Evangelho Segundo o Espiritismo:

> "Espíritas!, amai-vos, eis o primeiro ensinamento. Instruí--vos, eis o segundo. Todas as verdades são encontradas no Cristianismo; os erros que nele criaram raiz são de origem humana. E eis que, além do túmulo, em que acreditáveis o nada, vozes vêm clamar-vos: Irmãos! nada perece. Jesus Cristo é o vencedor do mal, sede os vencedores da impiedade!" – (Espírito de Verdade. Paris, 1860.) ALLAN KARDEC – O EVANGELHO SEGUNDO O ESPIRITISMO, CAP. VI, ITEM 5.

Na máxima apresentada, estende-se aos adeptos umbandistas meios de melhor compreender os fenômenos mediùnicos, do qual fazem parte sua doutrina e fisolofia de vida, além do próprio esclarecimento acerca do mundo espiritual que fazem parte de seu dia a dia.

Para os adeptos da ideologia Espírita, o presente trabalho, auxilia a trazer melhor compreensão dos fenômenos mediúnicos, práticas e dogmas realizados na Umbanda, a conhecer e entender sua tradição e costumes, procura apresentar que a Umbanda também relaciona suas práticas aos ensinos do Rabi da Galiléia, e talvez o mais importante, apresenta uma proposta de não discriminação as mensagens trazidas pelas entidades Umbandistas, que antes eram considerados como entidades de pouca elevação espiritual, ou ainda que eram entidades muito ligadas á matéria pelo fato de se apresentarem com "roupagens" que se aproximavam das pessoas simples e comuns.

Procura evidenciar que as bases que alicerçam os fundamentos de ambas as religiões são os mesmos: os ensinos do Cristo e a prática da caridade. Obviamente apresentados de maneira diferentes, visto serem religiões diferentes em suas práticas e dógmas, porém não divergem muito em seu fundamento.

A presente obra para melhor entendimento do caro leitor, foi dividida em três grandes partes, cada uma abordando temas e correlações próprias de suas áreas, a saber:

Livro 1 – A Seara

Nessa parte do livro são abordados o funcionamento da Seara de Caridade Caboclo Tupinambá, os tipos de trabalhos e estudos realizados, as diversas obras sociais em andamento, etc; enfim são trazidos a história de como começou a Seara através da dedicação da família Garcia, desde seu início pelos avós do Babalorixá Paulo D´Ogum no interior de Goiás. Hoje, nos Estados Unidos, a casa de caridade atende a milhares de pessoas, beneficiando não só os brasileiros que vivem no exterior, mas outras culturas, bem como os próprios nativos americanos que veem á casa em busca de amparo e auxílio fraternal.

Livro 2 – Preceitos do Cristo: A Umbanda

Na segunda parte da presente obra apresentamos um estudo historico da Umbanda, suas origens e contextos acerca da tradicao e funcionamento em termos dogmaticos, foram elaboradas e respondidas diversas questões que envolvem sua forma de atuação, seus rituais, magias, Orixás, entidades, desenvolvimento mediúnico e outros fatos que envolvem a tradição Umbandista. As respostas foram o resultado de aprofundados estudos oriundos dos mentores espirituais da casa, no qual em parte foram transcritos para o presente trabalho, além de muitas outras questões respondidas diretamente pelos diversos Espíritos mentores da casa para a presente obra.

Livro 3 – Preceitos do Cristo: O Espiritismo

Na parte final do presente trabalho, foram elaboradas e respondidas diversas questões que tratam o mundo espiritual e sua relação com o cotidiano do homem. De caráter um pouco mais filosófico, a terceira parte do livro traz o arcabouço de conhecimentos da filosofia Espírita, retrata questões do dia a dia, a inter-relação do homem com o mundo espiritual, além de algumas elucidações acerca das dores, alegrias e destino do homem, tendo sempre como base, a própria filosofia Espírita.

Finalmente, acrescentamos a esta nota que com exceção das referências diretas a obras correlacionadas aos assuntos tratados e das citações devidamente identificadas quanto à origem, todas as informações contidas nesse trabalho têm em sua fonte ensinamentos transmitidos a nós pelos caridosos e bondosos guias Exu Pinga-Fogo, Exu Mirim da Calunga, Seu Zé Pilintra, Vovô do Congo, Irmão Raul, entre outros.

Agradecemos a Deus a oportunidade recebida pelo desenvolvimento desta obra, e que possamos ser dignos de tanto carinho e atenção; que saibamos não apenas estudar, mas colocar em prática os ensinos de nosso Rabi da Galiléia, e apesar de nossas limitações, nunca deixar de enxergar o caminho para a Vida Eterna que é o próprio Mestre Jesus.

ALEXANDRE GUIMARÃES SANTOS
DEERFIELD BEACH – 02 DE ABRIL DE 2018

> "AMAI-VOS UNS AOS OUTROS;
> AMAI-VOS UNS AOS OUTROS;
> AMAI-VOS UNS AOS OUTROS"
> CABOCLO TUPINAMBÁ

HINO DA SEARA DE CARIDADE CABOCLO TUPINAMBÁ

Uma estrela brilhou
quando Assis chegou
e ordenou a Seara
pra trabalhar no Amor

Foi na bênção
de meu Pai Oxalá
que o trabalho surgiu
na força Tupinambá!

Como podemos ver
o sol clareou
quando chegou Zé Pelintra
e disse "bravo Senhor!"

Reunindo
Os seus filhos na fé
pra trabalhar no Amor,
pra trabalhar no Amor!

NOTA: MATERIAL GENTILMENTE CEDIDO DO ACERCO PESSOAL DE PAULO D`OGUM DISPONIBILIZADO NA PÁGINA: HTTP://UMBANDALINDA.COM/NOSSA-CASA/NOSSO-HINO/

Sumário

Livro I - A Seara

Capítulo I - Umbanda Querida 3
Capítulo II - Carta de Agradecimento aos Mensageiros 5
Capítulo III - A Proposta da Seara de Caridade do Caboclo Tupinambá ... 7
Capítulo IV - Histórico Abreviado da Seara de Caridade do Caboclo Tupinambá 11

Livro II - Preceitos do Cristo: A Umbanda

Capítulo I -Umbanda: Análise Histórica e Contemporânea 17

    1 - Introdução 19

    2 - Etimologia da palavra "umbanda" 19

    3 - Desenvolvimento Histórico Anterior ao Surgimento da Umbanda 20

        3.1 - Etapa Africana ou Básica 21

        3.2 - Etapa Indígena 22

        3.3 - Etapa Européia 23

        3.4 - Etapa Espírita 24

        3.5 - Etapa Ocultista 25

    4 - A origem da Umbanda 26

    5 - O que caracteriza a Umbanda? 28

    6 - Considerações sobre o Candomblé dentro do contexto geral da prática da Umbanda 31

7 - A Umbanda, o Espiritismo e a interação entre diferentes
    tradições religiosas 31
    7.1 - Afinal, qual a melhor religião? 33
    8 - A Função da Umbanda 35
    Material Anexo I 36
    Material Anexo II 40
    Material Anexo III 42
Capítulo II - Perguntas de Umbanda 45

Livro III - Preceitos do Cristo: O Espiritismo
Capítulo I - Perguntas de Espiritismo 85

Referências Bibliográficas - 143

Livro I
A Seara

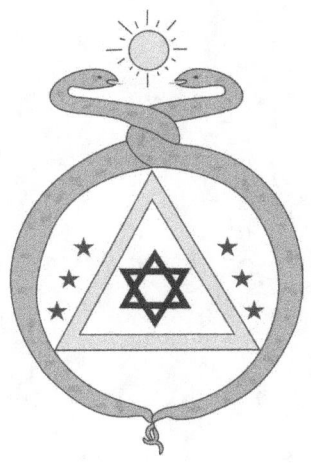

Capítulo I
Umbanda Querida

Essa carta foi escrita pelo pai-no-santo da Seara de Caridade Caboclo Tupinambá, Paulo Antônio Garcia, no dia 24 de setembro de 2002, em reconhecimento por todo o seu aprendizado e amor recebido durante os seus, então, quase 14 anos de serviço mediúnico. A pedido dos mentores espirituais da casa, essa carta foi incluída no material de estudo do corpo mediúnico da Seara por representar parte da essência dos trabalhos da Umbanda.

Carta de Agradecimento
Paulo Antônio Garcia
24 de setembro de 2002
Umbanda querida, como aprendi a te amar!

Quantas foram as provas vivas, os ensinamentos, as confimações de fé e esperança... Quanto amor e carinho de nossos amigos espirituais que tanto nos dão, sem nada nos pedir...

Umbanda, que nos desperta a coragem para vencer as batalhas da vida, com seus cânticos, flores, essências, cores e magia da amizade e respeito mútuo—todo um cenário em que eu encontro com meu Eu, ao ouvir os tambores trazendo a vibração das selvas e senzalas, as músicas que nos elevam a alma. A cerimônia dos negros, o canto dos índios, os caminhos de Exu e Ogum, os jardins de Ibejada, as cachoeiras de Oxum, as pedreiras de Xangô, o vento de Iansã, o mar de Yemanjá e todos os elementos que a compõem nos ensinam a respeitar a natureza e o corpo em que vivemos.

O café amargo e o cachimbo dos pretos-velhos, as penas dos caboclos, a capa de exu, a flor da pomba-gira, os doces de ibejê, o facão dos baianos, o punhal cigano—elementos que absorvem, manipulam e direcionam as mais belas energias. O sorriso da Padilha, o olhar sincero do cigano, as travessuras do Exu-Mirim, a seriedade de Seu Tranca-Ruas, a alegria do Martim, a sabedoria de Seu Pinga-Fogo, a mandinga do Chico-Preto, sempre equilibrando a sintonia da casa e representando a segurança a todo o momento e a toda hora, não se esquecendo do profundo conhecimento da psicologia humana, sempre nos orientando o melhor caminho. A simplicidade de Tupinambá, a meiguice do Vovô-do-Congo e a luz que brilha da Mariazinha, sempre nos trazendo o exemplo da trindade humildade-pureza-caridade; o amor com que a doutora nos trata com seus fluidos de saúde e paz, trazendo a força do oriente e os seus mais belos perfumes.

Todos trabalhando com as suas forças e as forças da natureza—água, terra, ar, fogo, pemba, mandalas do ponto riscado, insensos, plantas, pedras e flores—visando única e exclusivamente o nosso desenvolvimento físico e espiritual, nos ensinando a cada dia a Lei do perdão e do amor.

A essa Umbanda, quero me dedicar e com ela continuar o meu aprendizado. Me espanto em não conseguir explicar com palavras o nosso terreiro, mas nem teria sido possível escrever as linhas acima se não fosse a bondade e a perseverança do Dr. José Pelintra, que sem ver os nossos defeitos sempre esteve ali, nos amparando, ensinando e dirigindo.

Agradeço a Deus pelo senhor, Seu Zé, pela felicidade de ter sua companhia; ou melhor, eu agradeço a Deus pela felicidade de participar dessa casa linda e de ter o convívio com essas pessoas maravilhosas que o senhor pôs no meu caminho. Permita que eu possa ser para cada filho do Seu Zé o que eles são para mim. Que Deus te ilumine, Seu Zé, por tudo e que a sua bênção caia sobre seus filhos!

Nota: Material gentilmente cedido do acerco pessoal de Paulo D`Ogum disponibilizado na página: http://umbandalinda.com/mensagens/cartas-do-babalorixa-set-2002/

Capítulo II
Carta de Agradecimento aos Mensageiros

Carta escrita no dia 04 de janeiro de 2004, por Paulo d'Ogum, em agradecimento aos seus amigos espirituais.

Pai, quanta bondade...
Seu Zé, o carinho de um Pai,
A Doutora, a amor de Mãe.
O Miguelinho, um guia,
A Mariazinha, a nossa alegria.
O Zé Baiano é a simplicidade,
O Vovô do Congo, humildade.
Tupinambá é caridade,
O Boiadeiro é a fé.
O Pai Miguel, experiência,
Seu Beira-mar é devoção.
Seu Tranca-Ruas, proteção,
Seu Pinga-Fogo, o mestre.
Exu Mirim, sabedoria,
Seu Chico-Preto é sinceridade.
Martim Pescador é compreensão,
O Cigano Juan, orientação.
Nesse convívio abençoado de nosso dia-a-dia, quanta benevolência concedida!
Por isso, Pai, agradeço cada afeição querida, que coloca em nossas vidas!

Palavras, gestos, exemplos, ensinamentos, em caridade infinita, sempre perdoando, auxiliando e tolerando as faltas de hora a hora, sem notar nossos defeitos, encentivando nosso anceio de melhora.

Agradeço, Pai, por Sua bondade Divina, por enviar ao nosso caminho as amizades que nos amparam e iluminam.

Que a Sua misericórdia, Pai, nunca seja em vão, permitindo que eu tire, de cada exemplo, uma lição.

Que as amizades que nascem e jamais se dissolverão, sejam unidas por um elo de amor na imensidão!

Pai, quanta bondade...

Nota: Material gentilmente cedido do acerco pessoal de Paulo D`Ogum disponibilizado na página: http://umbandalinda.com/mensagens/cartas-do-babalorixa-set-2002/

Capítulo III
A Proposta da Seara de Caridade do Caboclo Tupinambá

Primeiramente, gostaríamos de dar-lhe as boas-vindas à nossa casa de trabalho e oração. É com sincera alegria que nos colocamos à sua disposição para que, juntos, nos esforcemos para alcançar um nível mais elevado de autoconhecimento, consciência e entendimento do Amor Universal. Acreditamos que, através do estudo e da prática dos ensinamentos contidos no evangelho de Jesus, irmãos de qualquer tradição religiosa podem encontrar valiosas diretrizes para o caminho da auto-realização. Esperamos, assim, que nossos trabalhos—através do estudo e da prática da moral cristã sob a luz da doutrina espírita e da filosofia Umbandista—representem, para todos que dele participem, um passo nesse caminho.

Apresentamos aqui algumas informações e orientações básicas referentes aos trabalhos que desenvolvemos em nossa casa. É importante notar, no entanto, que todos os assuntos relativos à nossa realidade espiritual nos conduzem a diversos campos, praticamente infinitos, de aprendizado. Assim, estimulamos o questionamento, estudo e aprofundamento de todos os tópicos tratados aqui, bem como de muitos outros que não mencionamos nessas breves anotações. Conforme nos lembra Allan Kardec, "só é inabalável a fé que pode enfrentar a razão face a face, em todas as épocas da Humanidade".[1]

Toda a equipe de trabalho está integrada em vários níveis, de forma muito organizada e unida pelo mesmo ideal: a prática da caridade através da vivência dos ensinamentos de Jesus. Os nossos trabalhos semanais, oferecidos gratuitamente a todos, são compostos de três elementos, intimamente interligados:

Os estudos relacionados à moral cristã, à filosofia umbandista, ao desenvolvimento mediúnico, à saúde física e mental, à prática da meditação e a todos os assuntos que auxiliem na transformação do ser humano em busca de uma vida mais saudável, equilibrada e feliz. Nesse processo, somos convidados a refletir sobre o caminho que queremos seguir, sobre os padrões mentais que queremos cultivar e sobre as mudanças que precisamos estimular em nós mesmos. O Departamento de Evangelização Doutrinária oferece aos médiuns e frequentadores da casa palestras semanais, apostilas e cursos como "Educação Mediúnica", "Aprendizes do Evangelho", "Curso Preparatório de Espiritismo", "Curso Básico de Espiritismo", "Curso da Reforma Íntima", "Astrologia", "Radiestesia", "Cromoterapia", "Cristais", "O Passe" e outros. Semanalmente, o Departamento do Estudo Sistematizado da Doutrina Espírita e da Filosofia e Ritualística Umbandista oferece reuniões de educação mediúnica para os médiuns da casa; periodicamente são realizados cursos intensivos de recapitulação do material oferecido durante essas reuniões.

A interação com o plano espiritual através da consulta com as Entidades. Várias Entidades (espíritos iluminados) se dispõem a servir na prática da caridade, em nossas reuniões, através do oferecimento de seu tempo e sabedoria para propiciar consolo e orientação para todos aqueles que as procuram. É essencial que todos nós compreendamos claramente o sentido elevado do trabalho que as Entidades realizam, para que nossa conduta perante elas reflita essa compreensão. Os guias da casa não irão resolver as dificuldades íntimas de ninguém — eles sabem que essas dificuldades representam oportunidades de melhora para cada um, e, privando-nos do desafio de enfrentá-las, não estariam nos ajudando. Assim, essas Entidades estão comprometidas a nos orientar, de acordo com os ensinamentos de Jesus, em um caminho de autoconhecimento, de espiritualização, caminho esse que, se seguido ativa e conscientemente por nós, nos indicará a solução de nossos conflitos íntimos. Esse é o propósito de nossos trabalhos: propiciar uma maior espiritualização de cada um que deles participa. Os frutos do trabalho, no íntimo de cada um, serão sempre diretamente associados às motivações e aos propósitos cultivados: só podemos colher paz interior e uma melhor compreensão de nossa realidade espiritual se os questionamentos e intenções que carregamos conosco refletirem propósitos compatíveis com esses frutos. Quais são esses propósitos? São todos aqueles que nos auxiliam no combate às diversas expressões do orgulho e do egoísmo—males que ainda nos impedem de compreender e vivenciar o Amor Universal em sua plenitude; são todos aqueles que direcionam a nossa vida a um caminho de reforma íntima, de auto-realização e de autoconhecimento.

As atividades de assistência social são realizadas com o objetivo de proporcionar aos trabalhadores da Seara a oportunidade de interagir com a sociedade, sempre seguindo o lema "fora da caridade não há salvação". Contamos com o Setor de Assistência Social Maria de Nazaré, que tem por finalidade oferecer ajuda material e moral a instituições de caridade. Atualmente, colaboramos em trabalhos de assistência a orfanatos, grupos de apoio a aidéticos e a pessoas que vivem nas ruas. O Setor da Promoção de Eventos visa a facilitar a arrecadação de fundos para as obras mencionadas, envolvendo a comunidade em atividades de instrução e socialização, como almoços, palestras, rifas, etc. O Setor da Biblioteca Sarapião Ribeiro trabalha com o intuito de proporcionar aos frequentadores da casa o acesso gratuito a livros espíritas e de apoio à espiritualização do ser. O Setor da Livraria e Bazar do Povo Cigano objetiva facilitar a divulgação da doutrina espírita e arrecadar fundos para as obras de assistência social. O Setor de Divulgação Eletrônica, com a web page e o Boletim Informativo Aprendizes do Caminho, tem por objetivo divulgar gratuitamente material referente aos nossos trabalhos de estudo e assistência social. O Departamento da Infância e Juventude, com o Setor da Evangelização Infantil Pai Joaquim d'Angola e o Setor da Mocidade Mirim da Seara, tem por finalidade facilitar a evangelização doutrinária e o auxílio infantil e da juventude para o equilíbrio orgânico e espiritual, esclarecendo e consolando através do atendimento fraterno. O Departamento da Família, por sua vez, com o Setor de Apoio aos Pais São Francisco de Assis e o Setor de Assistência aos Lares Santo Agostinho, procura promover um trabalho mais efetivo junto à família, colaborando com a eficiência doutrinária e com a vivência cristã no lar através da evangelização das famílias, de modo a possibilitar às mesmas a compreensão das leis morais e de renovação íntima. Assim, o departamento contribui para a educação dos filhos e para a melhoria do relacionamento familiar, fornecendo material e orientação para a realização do culto do evangelho no lar e para a educação sobre tópicos como saúde, sexo, drogas e relacionamentos. Finalmente, o Departamento dos Tratamentos Espirituais, com o Setor de Tratamento Espiritual Helena da Silveira Garcia, visa a promover, acompanhar, avaliar e orientar o assistido na reconstituição de seus problemas, no aspecto orgânico e moral. Esses tratamentos se dão através de cirurgias espirituais e acompanhamento psicológico, se necessário, feito por psicólogos voluntários.

Concluindo, a casa tem o objetivo de oferecer a todos que a frequentam os instrumentos e oportunidades de trabalhar e aprender na Seara da Caridade, lembrando Madre Teresa de Calcutá quando diz que "não podemos fazer grandes coisas, mas podemos fazer simples coisas com grandes resultados". Que Deus nos ilumine e nos oriente na busca de nossa evolução rumo à eternidade.

Exu Mirim da Calunga - Torrance, 02 de Agosto de 2004

Nota: Material gentilmente cedido do acerco pessoal de Paulo D`Ogum disponibilizado na página: http://umbandalinda.com/mensagens/cartas-do-babalorixa-set-2002/

Capítulo IV
Histórico Abreviado da Seara de Caridade do Caboclo Tupinambá

Os trabalhos tiveram início com a bondade e carinho dos avós do nosso BABALORIXA PAULO d'OGUM, DONA HELENA DA SILVEIRA GARCIA e FENELON GARCIA, ao doarem a sede onde se iniciariam os referidos trabalhos, a qual ela mesma intitulou "CABANA DO PAI JOAQUIM E DO BAIANO", tendo a primeira reunião, lavrada em ata, no dia 02 de novembro de 1987. Ali se realizavam trabalhos com a colaboração de FENELON GARCIA, médium, que trabalha com o PAI JOAQUIM d'ANGOLA e do pai de nosso Babá, PAULO d'OXOSSI, médium do BAIANO JOSÉ DOS COQUEIROS, contendo no altar várias imagens católicas pertencentes à bisavó de nosso Babá, MARIA ELEOTÉRIO DA SILVEIRA, irmã já desencarnada que sempre se manifestava no final dos trabalhos pela mediunidade de seu neto, PAULO d'OXOSSI. Era realizado junto aos trabalhos com os pretos-velhos um estudo Kardecista, contendo inclusive reuniões mediúnicas, denominado GRUPO DE EDIFICAÇÃO ESPÍRITA EMMANUEL. Os trabalhos eram realizados na Avenida Almirante Saldanha, número 192, cidade de Jussara, estado de Goiás, Brasil.

Nosso atual dirigente, PAULO d'OGUM, já se encontrava na época participando dos trabalhos mediúnicos acima citados, com a autorização e convite do mentor do grupo, já que ele contava apenas com seus 11 anos de idade. Dois anos depois, teve a sua primeira manifestação mediúnica de incorporação com o CABOCLO TUPINAMBÁ na presença de seus avós e de seu irmão, NETO d'XANGO, o qual desde essa data foi oficialmente denominado "o cambone tronqueira", que vem acompanhando o trabalho mediúnico na sustentação e dirigência física até os dias atuais. Inicia-se, então, o trabalho de nosso dirigente com as entidades CABOCLO TUPINAMBÁ, ZÉ BAIANO, MARIAZINHA DAS FLORES, PAI MIGUEL e Dr. LUIZ, juntamente com o seu pai e o seu avô. Em 1998, no mês de novembro, PAULO d'OGUM, sob a orientação do Dr. JOSÉ PELINTRA, transfere-se para Los Angeles, EUA, onde se iniciam os trabalhos na residência do médium, localizada na 3344 Bagley Avenue, apto. 01, cidade de Los Angeles, estado da Califórnia, atendendo a apenas uma pessoa. Semanas depois, com um grupo de seis pessoas, convém lembrar o fato de que SEU JOSÉ PELINTRA faz um comentário com um dos médiuns fundadores da casa: "Meu filho, sente-se e fique olhando o que é que vai acontecer". Contávamos com a ajuda de nossa irmã DENISE d'NANA, que realizava estudos, que continuam até os dias atuais, de O Evangelho Segundo o Espiritismo e outras obras espíritas, enquanto as pessoas esperavam para serem atendidas. Pouco tempo depois, por falta de espaço em seu apartamento, o trabalho é transferido para a casa do amigo KENARD MARX, o qual nos ofereceu sua residência com amor e carinho. Nessa fase, o trabalho chegou a atender o número de 80 pessoas nas noites de sexta-feira, em 125 N. Rexford Dr., na cidade de Beverly Hills, Califórnia, e o Dr. JOSÉ PELINTRA já contava com o número de 30 médiuns. No mês de julho de 2002, o trabalho é legalmente registrado na comarca de Los Angeles com o título "SEARA DE CARIDADE CABOCLO TUPINAMBÁ" e nome fantasia, tendo os dois nomes sido sugeridos pela dirigência espiritual da casa. Foi realizado um ritual de recepção dos documentos na presença do CABOCLO TUPINAMBÁ e de todos os médiuns da casa, incluindo a tia do Baba, MARIA LUIZA, presidente e fundadora do grupo Kardecista EURÍPEDES BARSANULFO, da cidade de Los Angeles, sendo convidada pelo CABOCLO TUPINAMBÁ para ser a madrinha (ou, carinhosamente, "caracucaia") da Seara de Caridade. Nessa ocasião, foi comentada a imensa ligação entre o trabalho e o fato das tias do dirigente, MARIA LUIZA e CIDINHA d'IANSA, a atual Ekede da Seara, já se encontrarem em Los Angeles antes do início dos trabalhos. Um mês depois, pela falta de espaço físico, foi sugerido pelo Dr. JOSÉ PELINTRA que iniciássemos a procura de um local apropriado para os trabalhos, ele próprio fazendo questão de garantir a sobrevivência financeira do grupo. É importante lembrar que o nosso dirigente, PAULO d'OGUM, jamais cobrou nenhum centavo por qualquer trabalho realizado.

Os trabalhos da SEARA DE CARIDADE DO CABOCLO TUPINAMBA funcionaram até o dia 11 de maio de 2011 na cidade de Torrance, estado da Califórnia, nosso Baba com mais de 170 filhos de santo e a casa ajudando centenas de pessoas não só no contexto da Umbanda mas com vários trabalhos de terapia alternativa, cirurgias espirituais, psicólogos e uma obra social gigantesca. Sob a luz do CABOCLO TUPINAMBA e ao trabalho voltado para o amor do nosso querido Babalorixá, a casa atendeu todos aqueles que a ela chegaram em busca de auxilio, orientação e lenitivo as suas dores por 14 anos.

Sob a orientação da bisavó desencarnada de nosso Baba, MARIA ELEOTERIO DA SILVEIRA, pela mediunidade de seu pai, PAULO d'OXOSSI, toda a família do Babá foi transferida para a Florida, EUA, onde deram inicio sob a orientação de Dr. JOSE PELINTRA os trabalhos da SEARA DE CARIDADE DO CABOCLO TUPINAMBA neste mesmo estado em Janeiro de 2012, deixando em Los Angeles uma obra maravilhosa a qual devera se perdurar enquanto for da vontade de nosso Pai Oxalá.

Hoje temos a nossa sede localizada em 238 SW 12th Avenue, cidade de Deerfield Beach, estado da Florida, zip code 33442, onde são realizados trabalhos de atendimento ao publico, estudos mediúnicos e desenvolvimento mediúnico.

Agradeço sinceramente a todos os médiuns da Seara e a todas as pessoas que contribuíram direta ou indiretamente para que os nossos trabalhos pudessem chegar ao estágio atual. Que a força de nosso Pai Oxalá possa brilhar no coração de todos que nessa Seara trabalham, que o trabalho possa fazer desabrocharem em todos vocês as sementes da experiência e da sabedoria, e que as forças de Deus nos amparem hoje e sempre.

Exu Mirim da Calunga
Torrance, 25 de julho de 2003
Revisada 7 de Agosto de 2012

Nota: [1] O nosso irmão Exu Mirim da Calunga se responsabilizou pela elaboração e concretização desse resumido histórico da Seara de Caridade Caboclo Tupinambá, ditado a nós durante a terceira reunião com o fim de escrever o estatuto de nossa casa.
Nota: [2] Material gentilmente cedido do acerco pessoal de Paulo D`Ogum disponibilizado na página: http://umbandalinda.com/nossa-casa/nossa-historia/

"Filhos, amai-vos uns aos outros; amai-vos uns aos outros; amai-vos uns aos outros
Caboclo Tupinambá

Livro II
Preceitos do Cristo: A Umbanda

Capítulo I
Umbanda: Análise Histórica e Contemporânea

Conteúdo

1. Introdução
2. Etimologia da palavra "umbanda"
3. Desenvolvimento histórico anterior ao surgimento da Umbanda

    1.1 Etapa Africana ou Básica

    1.2 Etapa Indígena

    1.3 Etapa Européia

    1.4 Etapa Espírita

    1.5 Etapa Ocultista

4. A Origem da Umbanda
5. O que caracteriza a Umbanda?
6. Considerações sobre o Candomblé dentro do contexto geral da prática da Umbanda
7. A Umbanda, o Espiritismo e a interação entre diferentes tradições religiosas a. Afinal, qual a melhor religião?
8. A Função da Umbanda

Material Anexo:

1. Pesquisa feita por Lucília Guimarães e Eder Longas Garcia sobre a declaração do surgimento da Umbanda através do médium Zélio de Moraes.

2. Parte da palestra dada pelo espírito Sarapião no Centro Espírita Eurípedes Barsanulfo, no dia 23 de outubro de 2003.

3. "Minha Umbanda Querida" por Paulo Antônio Garcia, 24 de setembro de 2002

Nota: Com exceção das referências diretas a obras correlacionadas aos assuntos tratados e das citações devidamente identificadas quanto à origem, todas as informações contidas nesse estudo têm em sua fonte ensinamentos transmitidos a nós pelos caridosos e bondosos guias Exu Pinga-Fogo, Exu Mirim da Calunga, Seu Zé Pilintra e Vovô do Congo. Pedimos a Deus que nos ilumine e nos permita ser dignos de tanto carinho e atenção; que saibamos enxergar em Jesus o caminho para fazer o melhor uso, dentro de nossas limitações, de tanta orientação e caridade recebida.

1 - INTRODUÇÃO

Na tentativa de descrever os aspectos que envolvem a ritualística da Umbanda, em sua expressão física e na sua formação como religião, é necessário retrocedermos à cultura religiosa das civilizações. Dos Maias aos Astecas, dos Incas ao Egito antigo, ou seja, nas bases que compuseram o início da civilização moderna em suas quatro ramificações, o homem vem tentando de diversas maneiras estabelecer e compreender o contato com a Energia Superior. Nas civilizações remotas, grandes avanços foram alcançados, de forma integralmente ligada ao ato religioso, nas áreas da astrologia, medicina e psicologia, entre outras. Muitos avanços também foram alcançados, como sabemos, através de imigrações, que contribuíram com a evolução ao longo do tempo através das expansões e trocas de costumes, religiosos ou não (por exemplo, o uso de ferramentas e as técnicas de agricultura).

O fenômeno mediúnico sempre esteve ao lado do desenvolvimento psíquico do homem. Foi, então, através desse desenvolvimento e da busca constante do entendimento do Ser, que se formaram culturas religiosas diferentes, em pontos diferentes, acompanhando, é claro, a maturidade espiritual de cada grupo. A Umbanda, tendo a significação do próprio nome (Divino-Terra) associada à "arte de curar", engloba uma rica assimilação da base que fundamenta a maioria desses segmentos religiosos na busca da cura. Sofrendo influências do oriente, do Egito antigo, da sabedoria dos africanos, da fé católica e da conscientização da doutrina espírita, a Umbanda objetiva propiciar a aproximação do Ser ao Criador, independente de sua formação religiosa. Sob supervisão espiritual e uma preparação superior, surge a Umbanda no Brasil, sendo um meio de esclarecimento e subseqüente evolução de vários cultos já existentes na época (como o Toré, o Tambor de Mina, a Mesa da Jurema, o Candomblé, o Candomblé de Caboclo, entre outros), levando vários de seus componentes a um novo contexto científico e religioso, no exercício da caridade.

Na consciência de que só o estudo é capaz de esclarecer a alma, iniciamos essa pesquisa histórica sobre o surgimento da Umbanda e seus elementos constitutivos, no intuito de propiciar um melhor aproveitamento de nossos trabalhos e um enriquecimento de nossa bagagem espiritual.

2 - ETIMOLOGIA DA PALAVRA "UMBANDA"

O estudo da formação do vocábulo "umbanda" ilustra, de certa forma, a origem e o desenvolvimento da tradição religiosa que hoje conhecemos no Brasil por esse nome. Conforme mencionado no 1º Congresso Brasileiro de Umbanda, em 1941, e confirmado posteriormente por estudiosos[1], o vocábulo "umbanda" foi formado pela união do radical sânscrito Aum com a palavra Bhanda, de mesma origem. Aum "(...) é o mistério dos mistérios; o nome místico da divindade, a palavra mais sagrada de todas na Índia, a expressão laudatória ou glorificadora com que começam os Vedas e todos os livros sagrados e místicos"[2]. A palavra Bhanda, por sua vez, significa "(...) laço, ligadura, sujeição, escravidão. A vida nesta terra."[2].

É provável que o intercâmbio entre os povos antigos da Índia e do Egito tenha permitido a chegada dessas palavras ao continente africano. Formou-se, assim, o radical mbanda na língua banta (abrangendo as regiões de Angola, Congo e Guiné). Esse radical penetrou na língua Quimbundo (também "Kimbundo" ou "Kimbundu") da região de Angola e permitiu a formação da palavra umbanda, que passou a ganhar o significado de "arte de curar"[3]. Esse significado se relaciona às práticas religiosas e de tratamento de algumas tribos africanas; uma análise mais cuidadosa, no entanto, mostra-nos que ele também é associado ao significado original da união entre Aum e Bhanda; ou seja, a união entre o Divino e o Terreno, a ponte entre Deus e o Homem.

Nas tribos africanas antigas, a compreensão dessa "ponte" dava aos homens o dom de curar os outros. No Brasil, no entanto, o termo Umbanda ganhou novo significado, pois passou a denominar uma prática religiosa e, acima de tudo, uma forma de trabalho em nome de Deus, visando a espiritualização do Ser através da consciência de sua realidade espiritual, do exercício da caridade, da prática do Amor. A essência do significado da palavra umbanda, no entanto, continua a mesma: a penetração da luz de Deus no coração do ser humano.

3 - Desenvolvimento Histórico Anterior ao Surgimento da Umbanda

Entender a Umbanda em um contexto histórico-cultural é, em grande parte, entender sua natureza sincrética. Essa compreensão, por sua vez, nos propicia um entendimento mais profundo de sua essência filosófica, a qual reflete elementos que inspiram a união, a compreensão e a tolerância. Trataremos inicialmente de seu desenvolvimento histórico.

---

1   Bandeira, Cavalcanti. 1970. O que é a Umbanda. Editora Eco, Rio de Janeiro (daqui em diante, referido como Bandeira, 1970).
Martins, Luiz Antonio. 2001. AumBandha: Fundamentos da Umbanda (vol. 1). Templo do Vale do Sol e da Lua, Maricá. (daqui em diante referido como Martins, 2001)

2   Blavatsky, Helena Petrovna (Glossário Teosófico) em Martins, 2001.

3   Quintão, José L. (Gramática de Kimbundo [p. 107]) em Bandeira, 1970.

Posteriormente, analisaremos em mais detalhes como esse desenvolvimento nos auxilia a compreender vários aspectos do papel da Umbanda como fonte de auxílio no processo de espiritualização da humanidade.

O processo sincrético que deu origem à Umbanda no Brasil desenvolveu-se em etapas históricas que, apesar de não serem necessariamente isoladas temporalmente, serão classificadas e analisadas separadamente por propósitos simplesmente didáticos. Essa classificação se apoia, com algumas modificações, na nomenclatura e conteúdo do livro O que é a Umbanda (Bandeira 1970), ao qual remetemos o leitor com interesses mais profundos neste processo histórico.

3.1 - Etapa Africana ou Básica

Essa etapa representa o produto de influências de nações africanas nas tradições religiosas que se desenvolveram no Brasil. É importante notar, no entanto, que as "tradições religiosas das nações africanas" representam um grupo muito heterogêneo de crenças e rituais.

A razão para isso é que a África, muito antes de ser uma fonte cultural para o Brasil, foi submetida à influência de povos orientais que a dominavam desde 900 aC. Assim, os escravos provenientes das nações africanas representadas no Brasil (Angola, Congo, Nagô, Malê, Queto, Banto, Inquimba, Hotentote, Malagaxe, entre outras) já trouxeram com eles elementos culturais e religiosos de vários outros povos. A proximidade geográfica das tribos africanas, as constantes guerras e invasões nessas regiões e seus subseqüentes intercâmbios lingüísticos e culturais resultaram na consolidação de um sincretismo nas culturas africanas. Dessa forma, ao chegar no Brasil a partir de 1530, as tradições africanas já apresentavam elementos de origem árabe (pano da costa), turca (figa), indiana (turbante, ojá), egípcia e semíticas (as duas últimas relacionadas aos conhecimentos de magia e à interpretação dos orixás como forças da natureza, sujeitas a um único Deus).

A documentação histórica da fase de chegada de escravos africanos ao Brasil é muito difícil de ser estudada, visto que os africanos, tratados como mercadoria, não eram identificados por sua origem geográfica, mas sim pelo navio e pelo mercado que os comercializavam. Dessa forma, africanos de origens diversas eram trazidos juntos ao Brasil e, uma vez em território brasileiro, eram tratados de forma a minimizar uma identificação com suas raízes culturais. Além disso, indivíduos de vários graus de compreensão e iniciação religiosa passaram a interagir a seu modo, tentando recriar suas tradições da forma que podiam. Esses processos vieram a acentuar ainda mais a troca de elementos religiosos entre indivíduos de diferentes nações africanas, assim como também causaram uma perda ou modificação de muitos aspectos religiosos das várias nações africanas. Conclui-se, assim, que o sincretismo já se fazia presente nas tradições africanas desde a chegada dos africanos ao Brasil, mas que, uma vez em terras brasileiras, foi acentuado como resultado natural do processo histórico, político e cultural envolvendo a escravidão.

Como podemos perceber, a imigração dos povos africanos ao Brasil, exatamente no período de sua colonização, já estava dentro de uma incrível programação pelo nosso querido Ismael para que o coração do mundo, pátria do Evangelho, tivesse em seu solo mais uma das culturas com um respeito admirável por Deus e pelas forças que controlam a natureza. Note-se também a enorme prática dos africanos na área da mediunidade e da cura, práticas que se fundiram, mais tarde, com a espiritualização já existente no âmago das tribos indígenas que se encontravam no Brasil. Nelas, o contato com os "mortos" era fato (especialmente através dos fenômenos mediúnicos desenvolvidos pelo pajé), bem como a crença em Tupã, Deus único.

3.2 - Etapa Indígena

Os africanos que fugiam da opressão dos colonizadores, principalmente os de origem banta, embrenharam-se nas matas formando os quilombos. Neles, os africanos ganharam uma liberdade relativa e puderam desenvolver uma identidade religiosa independente da que os colonizadores lhes impunham. Com a opressão imposta pela Igreja Católica, os africanos fugitivos se relacionaram facilmente com os indígenas, pois se encontravam em situações semelhantes. Assim, esses africanos—alguns dos quais com conhecimento religioso elevado—se identificaram com o que encontravam de semelhante nos cultos religiosos indígenas e os indígenas, por sua vez, passaram a ser influenciados pelos africanos. A sabedoria dos pajés foi assimilada às tradições africanas, que também passaram a usar ervas e utensílios brasileiros para substituir os elementos ritualísticos que não haviam podido levar da África para o Brasil.

O culto aos antepassados, comum aos índios, possuiam algumas semelhanças com os cultos de origem africana. Trabalhos religiosos com aspectos africanistas passam, assim, a ser realizados nos terreiros indígenas. Em uma etapa posterior, essa mistura entre as tradições africanas e indígenas veio a originar formas de expressão religiosa que ganharam uma identidade própria, como a Cabula (de raiz banta[4], representada pelos escravos oriundos de Angola, Moçambique e Congo), a Pagelança (do Amazonas ao Piauí), o Tambor / Tambor de Mina (Maranhão), o Toré (Alagoas), o Candomblé de Caboclo (Bahia), o Muçumuri (região Norte), a Macumba e a Quimbanda (Rio de Janeiro), o Batuque (região Sul), o Catimbó e o Xangô (Pernambuco).

3.3 - Etapa Européia

A influência européia na construção de formas de expressão religiosa brasileiras é perceptível em duas áreas principais: na influência do catolicismo e da magia ("bruxaria").

A religião católica é, sem dúvida, um dos elementos mais importantes para a compreensão da cultura brasileira. Manipulando a religião para atingir objetivos políticos, o colonizador europeu impunha a prática do catolicismo aos negros e aos índios. Estes, por sua vez, passaram a fazer correspondências entre suas tradições e conceitos católicos, de forma a continuar em contato com suas raízes espirituais sem pôr em risco sua sobrevivência. Os exemplos mais claros desse sincretismo são as identificações de Tupi (para os índios) e Zambi (para os africanos) com "Deus", e de orixás com santos católicos. Assim, por exemplo, o escravo passou a cultuar orixás através da imagem de santos católicos. O que os colonizadores não sabiam, no entanto, é que dentro ou embaixo dessas imagens os africanos colocavam os otis, pedras que representam os elementos da natureza associados aos orixás. Daí surgiram os termos "culto ao santo" e "povo do santo". Analisaremos em mais detalhes, em outra parte de nosso estudo, a questão dos orixás na Umbanda. Cabe agora, somente, enfatizar que os orixás representam algo diferente dos santos católicos, e que a confusão entre eles que se faz hoje em dia é um resquício do sincretismo que o africano—e, no início do século XX, o umbandista—fez para não ser perseguido. A influência católica ainda é perceptível na Umbanda contemporânea através do uso do altar e de cerimônias em certas datas, como na sextafeira santa.

O segundo aspecto da influência européia na formação das tradições religiosas brasileiras se deu através da introdução dos conceitos de magia praticados pelos alquimistas e pelos "bruxos" e "bruxas". Essas práticas, ao entrar em contato com as tradições dos cultos de nação, passaram a ser utilizadas e manipuladas por espíritos (encarnados ou não) controlados pelo ódio e pela mágoa, com o objetivo

---

4   Fonte: Almanaque Abril 1994

de prejudicar os outros, numa tentativa de "vingança" pela repressão sofrida no período da escravatura.

Origina-se, assim, a Quimbanda. Esses trabalhos de magia passaram a ser feitos e desfeitos através da própria Quimbanda, mas a necessidade de espiritualização do Ser fez com que o Plano Maior desse à Umbanda o papel de desfazer trabalhos de manipulação de energia voltados para o mal[5]

Na Umbanda, espíritos cientes dos mecanismos espirituais e energéticos envolvidos na "magia" passaram a trabalhar com a força do Amor, libertando os espíritos sofredores dos efeitos do ódio e direcionando espíritos ignorantes para o caminho de luz, de acordo com a Lei do Livre-Arbítrio. Esse trabalho foi sendo feito, naturalmente, de acordo com a maturidade espiritual dos grupos mediúnicos da época. Inicia-se, assim, uma grande cooperação entre espíritos de uma imensa falange, na luta pela evolução desses grupos mediúnicos. À luz do conhecimento do elevado planejamento desenvolvido por essa egrégora espiritual, entendemos por que os conhecimentos africanos, a bruxaria da Europa antiga e a fé católica imigraram para o Brasil ao mesmo tempo que a colonização.

3.4 - Etapa Espírita

O Espiritismo chega ao Brasil por volta de 1873, ou seja, poucos anos antes do fim oficial da escravatura no Brasil. Apesar de ser, inicialmente, praticado sobretudo por uma elite social de origem européia, o espiritismo influenciou de forma marcante os praticantes de cultos de origem africana e ameríndia, em sua grande parte pertencentes a outras classes sociais. Com uma base filosófico-doutrinária muito bem estruturada, o espiritismo contribuiu para a modificação de algumas formas de expressão religiosa que se formavam no Brasil através, principalmente, da introdução e/ou do esclarecimento sobre vários conceitos. Dentre eles, destacamos: (1) uma noção mais clara do que constitui a "vida espiritual". Com ela, entende-se melhor a possibilidade de comunicabilidade dos espíritos e o papel de antepassados como espíritos protetores; (2) os conceitos de "carma" (ou a Lei da Causa e Efeito) e de reincarnação; (3) um esclarecimento sobre o fenômeno mediúnico (os termos "médium" e "reincarnação" originam-se no Espiritismo).

---

5 Parte desse processo é ilustrado no livro "Loucura e Obsessão", de Manuel Philomeno de Miranda (psicografado por Divaldo Pereira Franco).

É claro que nem todos os grupos de origem africana e/ou ameríndia adotaram esses conceitos. Até hoje, temos vários exemplos de grupos que, em níveis variados, tentam manter uma pureza de crenças e rituais que refletem suas origens. O exemplo mais claro é o candomblé, principalmente na Bahia, que se esforça em manter-se fiel às tradições, nas quais não se aceita a idéia de reincarnação, não se dá muito espaço à comunicação dos espíritos ('eguns") e se recorre à mitologia africana para interpretar os orixás. Analisaremos o candomblé, mais detalhadamente, em breve.

Por outro lado, muitos grupos—que já adotavam aspectos africanos (gegê, nagô e banto), indígenas (caboclos) e católicos—passaram também a adotar idéias, práticas e conceitos espíritas em seus rituais e formas de expressão religiosa. Iniciam-se, assim, os trabalhos em terreiros onde espíritos de antepassados (ex-escravos, crianças, caboclos) começam a manifestar-se e onde passa a haver a invocação de espíritos considerados evoluídos (a noção de guia espiritual e de reincarnação também já existia nos cultos bantos). A prática da mediunidade faz-se um componente natural dos rituais. O santo católico passa a ser reinterpretado como um espírito protetor, apesar de sua associação com os orixás ser mantida, de forma paradoxal. Paralelamente, em um movimento histórico provavelmente relacionado à proclamação da República em 1889 (e, conseqüentemente, à formação de uma identidade nacional), muitos grupos passaram a fugir intencionalmente das tradições religiosas e ritualísticas africanas, que em muitos aspectos envolviam preceitos longos e complexos. Todos esses fatores passam a contribuir para uma reorganização da estrutura religiosa brasileira, na qual as tradições africanas e o candomblé "puro" passam, cada vez mais, a assimilar valores, crenças, características e rituais de outras origens, em um processo que contribui para a formação de várias formas de expressão religiosa com caráter essencialmente sincrético e identidade verdadeiramente brasileira.

Nota-se, então, a extrema importância da introdução do espiritismo no ambiente religioso já existente em nosso Brasil, contribuindo para a transformação da consciência mediúnica acerca dos fenômenos. Foi assim que, por volta de 1930, a nossa Terra do Cruzeiro já contava com os componentes essenciais para a formação dos propósitos que o Brasil encerra na espiritualidade.

3.5 - Etapa Ocultista

Das etapas descritas acima, essa é a única que se iniciou após a Umbanda começar a ser reconhecida como prática religiosa de identidade própria. É a etapa em que a filosofia oriental e o esoterismo ganham espaço no incipiente movimento umbandista. A partir de cerca de 1930, algumas casas de Umbanda (principalmente no sul e sudeste do Brasil) passaram a utilizar conhecimentos trazidos dessas tradições, referentes ao uso de metais, cristais, numerologia e astrologia, entre outros. Também houve influência oriental no que diz respeito aos conceitos de aura, chacras, imantação (também adotados pelo espiritismo[6]), o uso do incenso, os pontos riscados, os banhos de descarrego e o reforço das noções sobre carma e reincarnação (que já haviam sido transferidos indiretamente dessas filosofias, através do espiritismo).

A influência oriental na Umbanda pode ser interpretada, de certa forma, como um retorno às origens, uma vez que as grandes religiões— as quais se encontram nas raízes do processo histórico que resultou na Umbanda—têm sua origem no oriente, principalmente no antigo Egito, no Tibet, e na Índia, berços do profundo conhecimento religioso e da filosofia oriental. Fecha-se o círculo e surge a Umbanda—produto de concepções religiosas de muitos povos e nações, orientada pelos planos espirituais na busca da essência do Ser, atuando como produto de evolução de suas próprias fontes.

Sendo assim, essa bagagem trazida do oriente despertou uma complexa realidade que envolve a existência do ser e o fenômeno mediúnico em si. Esse despertar se deu, dentre outras formas, através de uma melhor compreensão das ondas mentais e magnéticas, as quais temos o potencial de criar e com as quais constantemente interagimos, conforme explicado mais tarde por tantas obras psicografadas por nosso amigo, missionário Francisco Cândido Xavier.

4 - A ORIGEM DA UMBANDA

Como vimos, o surgimento da Umbanda no Brasil deu-se com a fusão das práticas, dos conceitos e das crenças dos povos africanos, europeus e ameríndios. Ainda não respondemos à seguinte pergunta, no entanto: quando e como iniciou-se, de fato, a Umbanda?

Apesar de certos dados históricos disponíveis, é impossível determinar uma data e um momento exatos para o surgimento da Umbanda. Isso ocorre porque ela não é o produto da decisão de um homem na Terra, mas sim, fruto do planejamento, orientação e iniciativa de espíritos em planos elevados. Assim, além do fato de a Umbanda ter

---

6   Em O Livro dos Espíritos, nem Allan Kardec nem os espíritos tratam da questão dos centros de força eletro-magnéticos, formando nosso campo energético e os chacras. O espírito André Luiz, no entanto, traz esses esclarecimentos à tona posteriormente, em 1958.

se desenvolvido dentro de um processo gradual, é bem provável que ela também tenha surgido de forma independente em diferentes grupos, se ajustando às características dos médiuns envolvidos. Relatos de pesquisas feitas entre 1890 e 1905 descrevem as características do ritual conhecido como Cabula, narrados pelo sacerdote católico D. João Corrêa Nery[7]. Cavalcanti (1970) considera esse como o primeiro registro histórico de um ritual com características semelhantes aos da prática da Umbanda. Vemos na Cabula elementos que a distinguem do Candomblé, predominante na época, e a assemelham à Umbanda, ainda não reconhecida como manifestação religiosa: uso de vestes brancas, o bater de palmas, pontos riscados, uso de médiuns e vocábulos como "cambone" e "enjira", entre outros.

Cavalcanti sugere que a palavra "cabula" tenha se originado de "cabala", o que é justificável pelo indício de que conceitos de magia faziam parte dos rituais dessa prática religiosa. Faremos, posteriormente, um estudo mais aprofundado sobre a Cabala (estudada e praticada por remotas civilizações do oriente desde 6.000 anos a.C.) e sua influência nos pontos riscados (ou seja, cabalísticos) observados no ritual de Umbanda.

Há evidências de que o nome "Umbanda" foi dado pelo Caboclo das Sete Encruzilhadas na cidade de Niterói, estado do Rio de Janeiro, para dar identidade própria à emergente manifestação religiosa que os espíritos apresentavam às terras brasileiras. É notável também o fato de que, durante esse período, pretos-velhos e caboclos já se faziam presentes em cultos "de nação" (candomblé) em alguns pontos do Brasil. A perseguição policial sofrida pelas práticas religiosas com raízes africanas resultou na relativa independência desses focos de manifestação de linhas de trabalho da Umbanda entre si e, conseqüentemente, em uma escassez de relatos históricos dos desenvolvimentos religiosos desse período. A maioria desses trabalhos eram realizados em porões de casas antigas e nas matas, distantes dos centros urbanos.

Essa perseguição, conforme mencionado anteriormente, também foi um forte fator determinante da presença de altares com imagens católicas em núcleos de prática umbandista, debaixo dos quais escondiam-se otis e otás—com a chegada de policiais, todos se punham de joelhos em frente ao altar, simulando o cumprimento de novenas. Anexado ao final desse estudo, apresentamos, na íntegra, o relato

---

[7] Pode-se ler o relato completo em Cavalcanti, 1970 (páginas 69 – 75)

da pesquisa feita por Lucília Guimarães e Eder Longas Garcia[8]. Nele, através de entrevistas com a família do médium do Caboclo das Sete Encruzilhadas, vemos a evidência acima mencionada de que em 15 de Novembro de 1908, na cidade de Niterói, foi declarado o surgimento da Umbanda. Também anexado ao final desse estudo, vemos o relato de Seu Sarapião, em comunicação através da mediunidade de Paulo Antônio Garcia. Nessa comunicação, Seu Sarapião apresenta uma ilustração do contexto histórico e cultural do Brasil na época em que a Umbanda surgiu, estabelecendo uma análise da resistência encontrada dentro do emergente movimento espírita (conforme descrito no relato mencionado acima).

5 - O QUE CARACTERIZA A UMBANDA?

Diversos grupos nos quais há fenômenos mediúnicos se auto--denominam (ou são identificados por pessoas de fora do grupo) como realizadores de trabalhos de "Umbanda". Dentre esses grupos, encontramos alguns com trabalhos de caridade belíssimos e outros, por outro lado, nos quais as intenções são claramente divergentes daquelas que caracterizariam um trabalho de amor consciente e responsável que objetiva a espiritualização do Ser. Como a Umbanda foi criada por iniciativa de espíritos, os quais não apresentaram uma "doutrina" formal, e como há uma heterogeneidade enorme dentre os grupos denominados como integrantes do movimento umbandista, é natural que nos perguntemos: o que, afinal, caracteriza a Umbanda?

Não cabe a nós, de forma alguma, julgar a natureza de cada grupo. Da mesma forma, não temos a menor pretensão de descrever um "estatuto" do movimento umbandista. Os dois objetivos centrais dessa seção de nosso estudo são (1) tentar descrever possíveis causas de variação na prática do ritual da Umbanda e (2) analisar o caráter mutável e dinâmico da prática da Umbanda. Fica subentendido que todos os trabalhos dos quais tratamos aqui são, independente da forma na qual são praticados, motivados única e exclusivamente pela intenção sincera de praticar a caridade e o amor ao próximo de forma pura e verdadeira, ou seja, desinteressada.

Os fundamentos básicos de cada grupo de trabalho umbandista são, sem exceções, passados à equipe material (os médiuns) pelo espírito dirigente e responsável pelo trabalho. Na maioria das vezes, esse

---

8 http://www.paimaneco.com.br/principal/umbanda_origem.phpl (Terreiro do Pai Maneco, Curitiba, Paraná; 2003)

dirigente será um espírito que se expressa na forma de um caboclo. Os fundamentos (que abrangem a ritualística e a estrutura de cada trabalho) serão específicos para cada grupo, visto que sempre se ajustam ao propósito (ou seja, à forma de exercício de caridade) para o qual cada grupo de trabalhadores tem o compromisso e afinidade em servir.

Vale notar que o propósito do trabalho, por sua vez, reflete a maturidade dos grupos envolvidos—tanto o grupo mediúnico quanto o grupo de pessoas que são atendidas. Esse propósito, a função, de cada grupo de trabalho de Umbanda não é, no entanto, o único fator responsável pela sua forma de expressão ritualística. A heterogenia do movimento umbandista é resultante de uma complexa interação de fatores históricos, culturais, sociais e de ordem prática. Os fatores de ordem histórica, cultural e social foram de forma sucinta abordados anteriormente, quando tratamos das origens da Umbanda. Os fatores de ordem prática se devem ao fato de que a Umbanda é uma expressão religiosa ligada diretamente ao fenômeno mediúnico e, assim sendo, sujeita às limitações e influências psíquicas dos médiuns (e, em especial, do pai-no-santo) e, ao mesmo tempo, às iniciativas de comunicação dos espíritos. Mais adiante, retornaremos à questão da influência mediúnica na prática da Umbanda.

Conclui-se, assim, que a Umbanda é caracterizada em sua essência pela prática da caridade; em sua forma, ela é caracterizada por fundamentos e rituais necessários à prática eficiente da caridade de acordo com os propósitos, compromissos, maturidade e contexto histórico-sócio-cultural de cada grupo.

Em muitos casos, mudanças que são observadas em trabalhos de Umbanda—em diferentes épocas, entre grupos ou dentro de um mesmo grupo—estão sob a supervisão e orientação de um planejamento do Plano Maior. Não é produtivo, perante nossos objetivos, tentar classificar uma forma de fazer e vivenciar a Umbanda como sendo "mais primitiva" ou não do que outra—não acreditamos que essa classificação e esse julgamento tragam nenhum benefício direto. Cabe, isso sim, a cada integrante de um grupo mediúnico, fazer-se o seguinte questionamento: "Estou fazendo o melhor que posso? Estou conduzindo ou participando dos trabalhos da maneira que melhor atende às necessidades do meu grupo de trabalho?" Essas meditações devem ser constantes e não visam a promover mudanças bruscas, mas sim, uma evolução, uma transformação lenta porém bem estruturada em propósitos nobres, para uma forma de trabalho condizente com o planejamento do Plano Maior para uma maior espiritualização do Ser. Essa mudança, essa transformação, cabe lembrar, será real se ocorrer no íntimo de cada um e não, necessariamente, na forma da prática da fé. Os espíritos semeiam o que estamos preparados para colher. Assim, a transformação na Umbanda é natural e reflete a evolução dos grupos—a Umbanda cresce junto com o crescimento moral das pessoas. Assim, conclui-se que a Umbanda tem a responsabilidade de se modificar.

Por exemplo, já se pratica a Umbanda sem o uso de imagens de santos católicos para simbolizar orixás, como o resultado da consciência de que o orixá representa uma força da natureza—uma expressão da força Divina—e que, assim, o que melhor representa essa força são os próprios elementos da natureza. Da mesma forma, certos grupos de Umbanda já trabalham sem sacrifícios de animais, sem rituais de camarinha e sem outras observações oriundas da influência do candomblé. Ressaltamos, mais uma vez, que a forma, a ritualística característica a cada grupo de trabalho, não determina, em si, a qualidade nem o valor (medido no potencial de exercer o Bem) do trabalho. Essa forma é simplesmente um reflexo, uma exteriorização natural das crenças de cada grupo e do propósito no qual cada tipo de trabalho se enquadra.

Ainda sob o tópico do potencial de mudança da Umbanda, mencionamos que o poder explanatório e iluminador da doutrina espírita, codificada por Allan Kardec, não deve ser subestimado. Com isso, não queremos dizer que os trabalhos umbandistas devam se transformar em trabalhos espíritas; simplesmente enfatizamos que os ensinamentos encontrados no Espiritismo têm o potencial de expandir o grau de consciência que o médium umbandista possui sobre o trabalho que ele ajuda a desenvolver. A Umbanda ainda desempenha um papel único no processo de espiritualização e evolução da humanidade e, em sua estrutura, reflete uma prática "com fundamento", ou seja, que melhor se ajusta à sua função. Ao umbandista responsável e consciente, cabe sempre analisar essa estrutura de forma crítica, para poder praticar de coração aquela que seja mais congruente com seus propósitos e compromissos de prática da caridade.

Umbanda é a prática da filosofia caritativa através do apoio na atividade mediúnica. Assim, se a mediunidade é apurada, melhorada, a Umbanda melhora sem perder a sua essência. As práticas umbandistas refletem a mensagem de que todos somos seres espirituais em uma escola material; o contato constante com o fenômeno mediúnico tem a finalidade de nos despertar para essa nossa verdadeira essência. À medida em que os médiuns compreendam a verdadeira mensagem que a Umbanda se propõe a transmitir, passa a ser inevitável que busquem a reforma íntima de forma consciente e intensa.

6 - Considerações sobre o Candomblé dentro do contexto geral da prática da Umbanda

Embora a Umbanda tenha no seu contexto ramificações da base de diversas religiões, não nos cabe entitular a Umbanda como uma "superação" ou "elevação" dessas religiões, sendo "melhor" do que elas em qualquer aspecto. Sabemos perfeitamente que cada religião tem o seu papel, de suma importância, na construção moral de um povo, religando-o com Deus.

É comum ouvirem-se comparações em vários níveis entre a Umbanda e o Candomblé. Como vimos nesse estudo, a Umbanda difere-se do Condomblé em numerosos aspectos, dentre os quais citamos a ritualística e a maneira de entender e expressar a religiosidade. Isso, no entanto, não dá ao umbandista, de forma alguma, o direito de julgar-se superior ao praticante do Candomblé.

Apesar das muitas diferenças, encontramos na Umbanda elementos do Candomblé, visto que este foi uma fonte de influência na estruturação da Umbanda[9]. Por outro lado, o Candomblé, tradição religiosa que se expressa de acordo com suas raízes africanas, apresenta comumente em seus terreiros a influência de espíritos que se expressam de forma característica da Umbanda, como caboclos, pretos-velhos e boiadeiros.

7 - A Umbanda, o Espiritismo e a interação entre diferentes tradições religiosas

Nem a Umbanda, nem nenhuma expressão da prática da Lei do Amor, necessitam de justificativa e defesa perante os homens: sua defesa se encontra no trabalho para Deus e no exemplo que dá pelo respeito ao livre-arbítrio e às opiniões dos que não concordam com sua forma. Não nos cabe, nem é necessário, assim, justificar a existência da Umbanda, e esse não é o objetivo dessa parte do estudo. Desenvolvemos essa análise, no entanto, porque a prática da Umbanda dentro da Seara de Caridade Caboclo Tupinambá envolve estudos baseados em obras espíritas. Assim, é muito importante que os médiuns da Seara sintam-se à vontade com essa

---

9   ver sessão 3.1

prática, estando cientes do valor que a interação entre tradições religiosas representa. Conforme os mentores da Seara nos esclarecem, a busca da fé raciocinada através de estudos baseados no espiritismo nos ajuda a desenvolver uma qualidade cada vez melhor de serviço ao próximo. Essa busca, quando visa a Verdade e é feita de forma sincera e humilde, engrandece o nosso potencial de praticar a caridade sem que nos desviemos da essência, da forma e dos propósitos específicos da Umbanda. Mesmo conscientes desse ideal, as interações entre estudos espíritas e práticas umbandistas podem gerar questionamentos. A análise que se segue objetiva, assim, promover um maior entendimento sobre o valor e o significado dessas interações. Antes, porém, transcrevemos abaixo algumas passagens que ilustram o tom com o qual abordamos esse tópico.

> *"Pois tal como existem muitas partes em nossos corpos, assim também é com o corpo de Cristo. Todos nós somos parte dele, e cada um de nós é necessário para fazê-lo completo, porque cada um de nós tem um trabalho diferente a executar. Assim, pertencemos uns aos outros e cada um precisa de todos os demais"* Romanos 12: 4,5
>
> *"Será respeitável toda e qualquer crença, ainda que notoriamente falsa? Toda a crença é respeitável, quando sincera e conducente à prática do bem. Condenáveis são as crenças que conduzam ao mal (Livro dos Espíritos, questão 838)*
>
> *"Por que indícios se poderá reconhecer, entre todas as doutrinas que alimentam a pretensão de ser a expressão única da verdade, a que tem o direito de se apresentar como tal? Será aquela que mais homens de bem e menos hipócritas fizer, isto é, pela prática da lei de amor na sua maior pureza e na sua mais ampla aplicação. Esse o sinal por que reconhecereis que uma doutrina é boa, visto que toda doutrina que tiver por efeito semear a desunião e estabelecer uma linha de separação entre os filhos de Deus não pode deixar de ser falsa e perniciosa." (Livro dos Espíritos, questão 842)*
>
> *"Fora da verdade não há salvação seria equivalente a fora da Igreja não há salvação e também exclusivista, porque não existe uma única seita que não pretenda ter o privilégio da verdade. Qual o homem que pode jactar-se de possuí-la integralmente, quando a área de conhecimento aumenta sem cessar e cada dia que passa as idéias são retificadas? A verdade absoluta só*

é acessível aos espíritos da mais elevada categoria e a humanidade terrena não pode pretendê-la, pois que não lhe é dado saber tudo e ela só pode aspirar a uma verdade relativa, proporcional ao seu adiantamento. Se Deus houvesse feito da posse da verdade absoluta a condição expressa da felicidade futura, isso equivaleria a um decreto de proscrição geral, enquanto que a caridade, mesmo na sua mais ampla acepção, pode ser praticada por todos. O Espiritismo, de acordo com o Evangelho, admitindo que a salvação independe da forma de crença, contanto que a lei de Deus seja observada, não estabelece: Fora do Espiritismo não há salvação e, como não pretende ensinar ainda toda a verdade, também não diz: Fora da verdade não há salvação, máxima que dividiria em vez de unir e que perpetuaria a animosidade." (Item 9, capítulo XV de "O Evangelho Segundo o Espiritismo", de Allan Kardec).

"O Espiritismo não pode guardar a pretensão de exterminar as outras crenças, parcelas da verdade que sua doutrina representa, mas, sim, trabalhar por transformá-las, elevando-lhes as concepções antigas para o clarão da verdade imortalista. A missão do Consolador tem que se verificar junto das almas e não ao lado das gloríolas efêmeras dos triunfos materiais. Esclarecendo o erro religioso, onde quer que se encontre, e revelando a verdadeira luz, pelos atos e pelos ensinamentos, o espiritista sincero, enriquecendo os valores da fé, representa o operário da regeneração do Templo do Senhor, onde os homens se agrupam em vários departamentos, ante altares diversos, mas onde existe um só Mestre, que é Jesus-Cristo." (pelo espírito Emmanuel, através da mediunidade de Francisco Cândido Xavier, em "O Consolador", página 200).

"Não há separatividade nem competição entre os espíritos benfeitores, responsáveis pela espiritualização da humanidade" (Missão do Espiritismo - Ramatís - Liv. Freitas Bastos S.A. - psicografada por Hercílio Maes.)

7.1 - Afinal, qual a melhor religião?

O exercício intelectual do ser humano, necessário ao seu desenvolvimento espiritual, o conduz a classificar, conscientemente ou não, todas as informações que adquire. Esse processo de avaliação e subseqüente classificação de informações é natural. Em geral, no entanto, temos a tendência a julgar e dicotomizar os fatos, criando uma ilusão que passamos a chamar de "realidade". Assim, muitos de nós, ao identificar uma religião na qual nos sentimos à vontade e com a qual temos afinidade, naturalmente a classificamos como sendo "a boa" ou "a melhor", mesmo que racionalmente entendamos que todas as religiões são importantes. Conseqüentemente, outras formas de compreender a realidade passam a ser, de forma consciente ou não, classificadas por nós como "não sendo tão boas" ou "piores". Essa classificação, no entanto, reflete uma incompreensão da essência de todas as filosofias religiosas (ou não) que promovem o amor e o bem.

A compaixão, a tolerância, a paciência e a humildade são, em todas as filosofias que promovem o bem, virtudes que caracterizam o homem sábio, espiritualizado. De uma forma ou outra, essas virtudes são fruto da compreensão profunda de que cada indivíduo está em um processo único e belo de evolução, de encontro com Deus. Assim, a "melhor" religião ou filosofia de vida será relativa ao caminho, único, de cada um: o que é melhor para um não é, necessariamente, o melhor para o outro. Também resulta dessa compreensão o fato de que cada tradição religiosa na Terra tem a sua função no progresso da humanidade e merece, por isso, o carinho e o respeito de todos. Vale ressaltar que entender a importância de todas essas filosofias não deve nos levar a concluir que todas representam uma parcela idêntica da Verdade—reflexões sobre isso fazem parte do desenvolvimento espiritual de cada indivíduo. Mais importante, no entanto, é a compreensão geral de que todas representam simplesmente uma parcela da Verdade, pois, devido às nossas presentes limitações, nenhuma pode representar a Verdade em sua totalidade. Cabe a nós estudar, explorar e descobrir o que o diálogo entre as diferentes filosofias pode acrescentar a todos nós e, finalmente, perceber a direção de vida que a prática da essência da Lei do Amor, representada por diversas tradições religiosas, nos indica.

A filosofia religiosa ou espiritualista que cada pessoa escolhe seguir é uma questão cultural, mas, acima de tudo, de afinidade. Por sua vez, a afinidade será sempre relacionada com uma necessidade específica para o desenvolvimento espiritual de cada um. Assim, a expressão de uma afinidade na encarnação de um indivíduo é um instrumento para a evolução desse indivíduo. Essa evolução pode ser canalizada para o estímulo intelectual, para o estímulo moral, para a execução de um resgate cármico e/ ou para o cumprimento de um determinado compromisso. Conclui-se daí que a tradição religiosa que cada um escolhe seguir não se relaciona de forma alguma ao seu grau de evolução espiritual. É importante, assim, que nos desvencilhemos de preconceitos que nos levam a associar praticantes de determinadas tradições religiosas com pessoas com um grau maior ou menor de consciência espiritual. Uma pesquisa simples nos demonstra que, em todas as tradições religiosas, encontramos adeptos identificáveis como espíritos de muita luz e adeptos em estágios de consciência ainda bastante primários. A essência da Umbanda, como a de qualquer outra filosofia que promove o bem, nos indica que a expansão da consciência espiritual provém da experiência do amor incondicional—o que não impõe, não exige e não julga. Quando o praticante de Umbanda, Candomblé, Espiritismo, Catolicismo ou de qualquer outra religião, despertar para o seu potencial de se encontrar nos outros, amando a todos plena e verdadeiramente, não sentirá mais a necessidade da religião enquanto instituição, pois já estará, em seu íntimo, se religando a Deus.

8 - A Função da Umbanda

Em seu livro Going Home[10], Thich Nhat Hanh apresenta seus pensamentos sobre o valor da cultura religiosa de um indivíduo na sua busca pela Verdade através de tradições com as quais se tem menor familiaridade. Dessa forma, o referido autor assemelha cada indivíduo a uma planta, e o processo de busca a um transplante. Thich Nhat Hanh explica, assim, a necessidade do fortalecimento das raízes da tradição original, antes de qualquer mudança de crença ou tradição religiosa, para que o transplante seja bem-sucedido. O indivíduo que é apresentado a uma nova forma de expressão religiosa sem antes ter entrado em profundo contato com a forma que lhe é, naturalmente, mais familiar, possui mais dificuldades em assimilar a essência da religião que lhe é nova.

A Umbanda, com sua expressão essencialmente sincrética, permite que pessoas de várias tradições religiosas fortaleçam suas raízes, enquanto, ao mesmo tempo, expandem a vivência da sua espiritualidade. Por trabalhar com elementos presentes em diferentes culturas e religiões, a Umbanda facilita que indivíduos oriundos das mais diversas culturas encontrem no terreiro algo com o que se identificam—sejam os componentes do altar, os rituais sincréticos ou as linhas de trabalho dos espíritos. Nesse aspecto, a Umbanda é uma prática de caridade que funciona como uma ponte através da qual indivíduos familiariza-

---

10 páginas 177-185

dos com diferentes tradições podem atingir um nível mais complexo de auto-conhecimento e de consciência de sua realidade espiritual. O objetivo da Umbanda, mesmo tendo necessidade do ritual, é a espiritualização do ser, o despertar das almas. Sem a preocupação de recrutar seguidores e sem cobrar nem exigir nada em troca da caridade prestada, a Umbanda respeita todos os que escolhem não conhecê-la e abre o seu coração aos que por ela procuram, oferecendo a todos, indistintamente, uma oportunidade única e bela de espiritualização e aprendizado.

Em uma etapa inicial, a Umbanda surgiu para propiciar aos encarnados a oportunidade de praticar e receber caridade através da mediunidade, independente de seu nível social, e para transformar ações mal-intencionadas em progresso, "desmanchando trabalhos" de magia negra. Cada vez mais, no entanto, a Umbanda vem se modificando e ampliando seu campo de ação, servindo, como mencionado acima, para a espiritualização de milhares de pessoas. Essa ampliação em seu campo de ação reflete o seu desenvolvimento dentro da programação espiritual para o planeta, bem como representa o processo de crescente espiritualização da humanidade, dos médiuns e dos grupos umbandistas. A Umbanda, e toda a complexa mistura que ela representa, vem servindo, já há quase 100 anos, de ponte para todas as religiões na descoberta de um Ser Espiritual, como a própria etimologia da palavra "Umbanda" nos indica. Através da Umbanda, nossos queridos pretos-velhos, caboclos e crianças nos apresentam que a vida no além é apenas uma passagem e vêm nos mostrar com humildade, simplicidade e pureza, a cada sessão, um exemplo vivo de que "fora da caridade, não há salvação".

Material Anexo I

"Escrever sobre Umbanda sem citarmos Zélio Fernandino de Moraes é praticamente impossível. Ele, assim como Allan Kardec, foram os intermediários escolhidos pelos espíritos para divulgar a religião aos homens. Zélio Fernandino de Moraes nasceu no dia 10 de abril de 1891, no distrito de Neves, município de São Gonçalo - Rio de Janeiro.

Aos dezessete anos, quando estava se preparando para servir as Forças Armadas através da Marinha, aconteceu um fato curioso: começou a falar em tom manso e com um sotaque diferente daquele da sua região, parecendo um senhor com bastante idade. A princípio, a família achou que houvesse algum distúrbio mental e o encaminhou ao seu tio, Dr. Epaminondas de Moraes, médico psiquiatra e diretor do Hospício da Vargem Grande. Após alguns dias de observação, e não encontrando os seus sintomas em nenhuma literatura médica, sugeriu à família que o encaminhasse a um padre para que fosse feito um ritual de exorcismo, pois desconfiava que seu sobrinho estivesse possuído pelo demônio. Procuraram, então, também um padre da família que, após fazer ritual de exorcismo, não conseguiu nenhum resultado.

Tempos depois, Zélio foi acometido por uma estranha paralisia, para o qual os médicos não conseguiram encontrar a cura. Passado algum tempo, num ato surpreendente, Zélio ergueu-se do seu leito e declarou: "Amanhã estarei curado". No dia seguinte começou a andar como se nada tivesse acontecido. Nenhum médico soube explicar como se deu a sua recuperação. Sua mãe, D. Leonor de Moraes, levou Zélio a uma curandeira chamada D. Cândida, figura conhecida na região onde morava e que incorporava o espírito de um preto-velho chamado Tio Antônio. Tio Antônio recebeu o rapaz e fazendo as suas rezas lhe disse que possuía o fenômeno da mediunidade e deveria trabalhar com a caridade.

O Pai de Zélio de Moraes, Sr. Joaquim Fernandino Costa, apesar de não freqüentar nenhum centro espírita, já era um adepto do espiritismo, praticante do hábito da leitura de literatura espírita. No dia 15 de novembro de 1908, por sugestão de um amigo de seu pai, Zélio foi levado à Federação Espírita de Niterói. Chegando na Federação e convidados por José de Souza, dirigente daquela Instituição, sentaram-se à mesa. Logo em seguida, contrariando as normas do culto realizado, Zélio levantou-se e disse que ali faltava uma flor. Foi até o jardim, apanhou uma rosa branca e colocou-a no centro da mesa onde se realizava o trabalho. Tendo-se iniciado uma estranha confusão no local, ele incorporou um espírito e simultaneamente diversos médiuns presentes apresentaram incorporações de caboclos e pretos-velhos. Advertidos pelo dirigente do trabalho, a entidade incorporada no rapaz perguntou: "Por que repelem a presença dos citados espíritos, se nem sequer se dignaram a ouvir suas mensagens? Seria por causa de suas origens sociais e da cor?" Após um vidente ver a luz que o espírito irradiava perguntou: "Por que o irmão fala nestes termos, pretendendo que a direção aceite a manifestação de espíritos que, pelo grau de cultura que tiveram quando encarnados, são claramente atrasados? Por que fala deste modo, se estou vendo que me dirijo neste momento a um jesuíta e a sua veste branca reflete uma aura de luz? E qual o seu nome, meu irmão?" Ele responde: "Se julgam atrasados os espíritos de pretos e índios, devo dizer que amanhã estarei na casa deste aparelho, para dar início a um culto em que estes pretos e índios poderão dar sua mensagem e, assim, cumprir a missão que o plano espiritual lhes confiou. Será uma religião que falará aos humildes, simbolizando a igualdade que deve existir entre todos os irmãos, encarnados e desencarnados. E se querem saber meu nome, que seja este: Caboclo das Sete Encruzilhadas, porque não haverá caminhos fechados para mim. "O vidente ainda pergunta: "Julga o irmão que alguém irá assistir a seu culto?" Novamente, ele responde: "Colocarei uma condessa em cada colina que atuará como porta-voz, anunciando o culto que amanhã iniciarei."

Depois de algum tempo, todos ficaram sabendo que o jesuíta que o médium verificou pelos resquícios de sua veste no espírito, em sua última encarnação, foi o Padre Gabriel Malagrida.

No dia 16 de novembro de 1908, na rua Floriano Peixoto, 30, Neves, São Gonçalo, RJ, aproximando-se das 20:00 horas, estavam presentes os membros da Federação Espírita, parentes, amigos e vizinhos e do lado de fora uma multidão de desconhecidos. Pontualmente, às 20:00 horas, o Caboclo das Sete Encruzilhadas desceu e usando as seguintes palavras iniciou o culto: "Aqui inicia-se um novo culto em que os espíritos de pretos-velhos africanos, que haviam sido escravos e que desencarnaram não encontram campo de ação nos remanescentes das seitas negras, já deturpadas e dirigidas quase que exclusivamente para os trabalhos de feitiçaria e os índios nativos da nossa terra, poderão trabalhar em benefícios dos seus irmãos encarnados, qualquer que seja a cor, raça, credo ou posição social. A prática da caridade no sentido do amor fraterno, será a característica principal deste culto, que tem base no Evangelho de Jesus e como mestre supremo Cristo".

Após estabelecer as normas que seriam utilizadas no culto e com sessões diárias das 20:00 às 22:00 horas, determinou que os participantes deveriam estar vestidos de branco e o atendimento a todos seria gratuito. Disse também que estava nascendo uma nova religião e que chamaria Umbanda. O grupo que acabara de ser fundado recebeu o nome de Tenda Espírita Nossa Senhora da Piedade e o Caboclo das Sete Encruzilhadas disse as seguintes palavras: "Assim como Maria acolhe em seus braços o filho, a tenda acolherá aos que a ela recorrerem nas horas de aflição, todas as entidades serão ouvidas, e nós aprenderemos com aqueles espíritos que souberem mais e ensinaremos aqueles que souberem menos e a nenhum viraremos as costas e nem diremos não, pois esta é a vontade do Pai."

Ainda respondeu perguntas de sacerdotes que ali se encontravam em latim e alemão.

O caboclo foi atender um paralítico, fazendo este ficar curado. Passou a atender outras pessoas que haviam neste local, praticando suas curas. Nesse mesmo dia, incorporou um preto-velho chamado Pai Antônio, aquele que, com fala mansa, foi confundido como loucura de seu aparelho e com palavras de muita sabedoria e humildade e com timidez aparente, recusava-se a sentar-se junto com os presentes à mesa dizendo as seguintes palavras: "Nêgo num senta não meu sinhô, nêgo fica aqui mesmo. Isso é coisa de sinhô branco e nêgo deve arrespeitá". Após insistência dos presentes fala: "Num carece preocupá não. Nêgo fica no toco que é lugá di nêgo". Assim, continuou dizendo outras palavras representando a sua humildade. Uma pessoa na reunião pergunta se ele sentia falta de alguma coisa que tinha deixado na terra e ele responde: "Minha caximba, nêgo qué o pito que deixou no toco. Manda mureque buscá". Tal afirmativa deixou os presentes perplexos, os quais estavam presenciando a solicitação do primeiro elemento de trabalho para esta religião. Foi Pai Antônio também a primeira entidade a solicitar uma guia, até hoje usadas pelos membros da Tenda e carinhosamente chamada de "Guia de Pai Antonio".

No outro dia formou-se verdadeira romaria em frente à casa da família Moraes. Cegos, paralíticos e médiuns que eram dados como loucos foram curados. A partir destes fatos fundou-se a Corrente Astral de Umbanda. Após algum tempo, manifestou-se um espírito com o nome de Orixá Malé, este responsável por desmanchar trabalhos de baixa magia, espírito que, quando em demanda, era agitado e sábio, destruindo as energias maléficas dos que o procuravam. Dez anos depois, em 1918, o Caboclo das Sete Encruzilhadas, recebendo ordens do astral, fundou sete tendas para a propagação da Umbanda, sendo elas as seguintes: (1) Tenda Espírita Nossa Senhora da Guia; (2) Tenda Espírita Nossa Senhora da Conceição; (3) Tenda Espírita Santa Bárbara; (4) Tenda Espírita São Pedro; (5) Tenda Espírita Oxalá; (6) Tenda Espírita São Jorge; (7) Tenda Espírita São Jerônimo. As sete linhas que foram ditadas para a formação da Umbanda são: Oxalá, Iemanjá, Ogum, Iansã, Xangô, Oxossi e Exu.

Enquanto Zélio estava encarnado, foram fundadas mais de 10.000 tendas a partir das acima mencionadas. Zélio nunca usou como profissão a mediunidade, sempre trabalhou para sustentar sua família e muitas vezes manter os templos que o Caboclo fundou, além das pessoas que se hospedavam em sua casa para os tratamentos espirituais, que, segundo o que dizem, parecia um albergue. Nunca aceitara ajuda monetária de ninguém; era ordem do seu guia chefe, apesar de inúmeras vezes isto ser oferecido a ele.

O ritual sempre foi simples. Nunca foi permitido sacrifício de animais. Não utilizavam atabaques ou quaisquer outros objetos e adereços. Os atabaques começaram a ser usados com o passar do tempo por algumas das Tendas fundadas pelo Caboclo das Sete Encruzilhadas, mas a Tenda Nossa Senhora da Piedade não utiliza em seu ritual até hoje. As guias usadas eram apenas as determinadas pelas entidades que se manifestavam.

A preparação dos médiuns era feita através de banhos de ervas e do ritual do amaci, isto é, a lavagem de cabeça onde os filhos de Umbanda afinizam a ligação com a vibração dos seus guias.

Após 55 anos de atividade, entregou a direção dos trabalhos da Tenda Nossa Senhora da Piedade a suas filhas Zélia e Zilméia, as quais até hoje os dirigem. Mais tarde, junto com sua esposa Maria Isabel de Moraes, médium ativa da Tenda e aparelho do Caboclo Roxo, fundaram a Cabana de Pai Antonio no distrito de Boca do Mato, município de Cachoeira do Macacú – RJ. Eles dirigiram os trabalhos enquanto a saúde de Zélio permitiu. Faleceu aos 84 anos no dia 03 de outubro de 1975."

Material Anexo II

"As entidades que se manifestam são as entidades atraídas pelo campo espiritual da Casa e pelo compromisso espiritual da Casa. Toda entidade para se manifestar ela tem que estar realizando alguma coisa dentro da Casa, atraída ou pelo próprio médium ou pela equipe espiritual da Casa.

(Continuando a responder à pergunta que não ficou gravada, mas que se referia a nome e jeito de entidades) Cada entidade tem a sua personalidade. Cada espírito é um continente inexplorado, como dizia Emmanuel. A entidade se apresentou na mesa, ela vai produzir o trabalho dela, o nome é uma coisa que fica muito atrás do que ela vai produzir. O nome não deve ser nem perguntado. Vocês podem ouvir qualquer nome que fique confortável para vocês: Bezerra de Menezes ou José da Silva? Depende. Nós temos que ir na essência do trabalho porque todos nós estamos crescendo e, às vezes, um espírito desce e se chama João e passa uma mensagem baseada nos ensinamentos de Jesus e, às vezes, desce um espírito que se dá o nome de Aristóteles.

Quer dizer, de João para Aristóteles, Aristóteles já é um nome mais requintado. E você passa a prestar atenção nesse Aristóteles. Tudo o que os espíritos falam deve estar baseado nos exemplos de Jesus. É por isso que vocês têm que estudar. Para não serem vítimas de espíritos brincalhões. Então, o Aristóteles está falando e você vê que ele se desviou um pouco do rumo.

Dificilmente os espíritos revelam nomes, a não ser que vocês perguntem. Mas quando o espírito deixa transparecer que ele é a presença de um negro ou de um espírito mais do Brasil antigo, isso cria um certo preconceito na mesa Kardecista. Eu vou tentar ser rápido para não tomar o tempo de vocês e sem entrar em outro tipo de religião. Não vamos falar disso. Vamos nos concentrar no certo preconceito que muitas vezes é criado na mesa Kardecista.

Quando a doutrina de Kardec chegou no Brasil, principalmente no Rio de Janeiro, naquele tempo, as senhoras dos senhores de engenho, dos políticos, dos governantes, iam a Paris passar as suas férias. Era comum irem a Paris passar as férias. Lá, elas tiveram acesso aos livros espíritas e começaram, então, a estudar a doutrina em pequenos passos. Não muito longe desse tempo se deu a abolição da escravatura.

Fenômenos mediúnicos existem por toda a parte tanto naquela época como hoje. Em qualquer seita religiosa existe o fenômeno mediúnico. A cultura negra estava, então, saindo da senzala para continuar o mesmo trabalho. Eles não tinham oportunidade de estudo. E tinham aquele senso de inferioridade. Até hoje o racismo ainda é forte. Imaginem naquela época. Então, não podia ser concebido uma pessoa que estava lhe servindo na sua casa, sentar à mesa com você e estudar um livro que você trouxe da França. Um livro que as pessoas cultas possuíam. Não tenhamos raiva, quem sabe até de nós mesmos naquela época, mas era como eram as coisas na época. Os negros não eram vistos como pessoas. Então, também, era inadmissível que o espírito de um negro desse uma mensagem. Só podia ser um espírito inferior. Estão entendendo, filhos?

Um dia, se uma entidade deixar transparecer que é o espírito de um negro, não misture ele com outras religiões. Se ele está passando a mensagem dele, você tem que estudar a mensagem. Caso não esteja de acordo não a considere. Essa é a essência. É isso que faz a diferença entre a mensagem de um espírito e de outro. O que distingue a diferença são as vibrações, é a nossa vibração, é a vibração de luz que você tem. Não é de aparências nem de nome.

Aqui vêm espíritos não só de religiões africanas, porque vocês podem ter ligações do passado, certo tipo de aprendizado no passado e afinidades, mas aqui vêm religiões desde o islamismo até o hinduismo. Porque o espírito traz consigo as suas crenças e a sua maneira de entender o mundo. E vocês aqui são um campo de experiência, vocês aqui são um laboratório de Jesus. E é um convite para qualquer espírito que queira estudar o trabalho de vocês e que queira aprender com o trabalho de vocês.

É claro que nós não vamos permitir que espíritos desçam e mudem o rumo do estudo. Nós respeitamos as individualidades, mas não é admissível que um espírito desça e mude completamente o rumo do estudo. Vocês estão estudando Kardec, mas a vida espiritual está aí, portanto, vocês lidam com espíritos de diferentes religiões. Vamos sempre na essência, não é, filhos? Na essência do amor. É o principal.

Agora, temos que tomar cuidado com os espíritos. Você tem que está sempre analisando a mensagem, sempre. Isso começa do médium não é, filha? Fazendo a reforma íntima, estudando e vocês estão fazendo isso. Vocês estão de parabéns, vocês estão buscando. E busquem a cada dia a união entre vocês, busquem ver vocês como irmãos. Todos nós temos defeitos, mas nós estamos aqui para aprender uns com os outros. Não vamos julgar, vamos amar. Procurem ver vocês como um só. A equipe de vocês senta à mesa e nós somos um. Nós estamos aqui para aprender, nós estamos aqui para amar."

Material Anexo III

Quantas foram as provas vivas, os ensinamentos, as confirmações de fé e esperança... Quanto amor e carinho de nossos amigos espirituais que tanto nos dão, sem nada nos pedir...

Umbanda, que nos desperta a coragem para vencer as batalhas da vida, com seus cânticos, flores, essências, cores e magia da amizade e respeito mútuo—todo um cenário em que eu encontro com meu Eu, ao ouvir os tambores trazendo a vibração das selvas e senzalas, as músicas que nos elevam a alma. A cerimônia dos negros, o canto dos índios, os caminhos de Exu e Ogum, os jardins de Ibejada, as cachoeiras de Oxum, as pedreiras de Xangô, o vento de Iansã, o mar de Yemanjá e todos os elementos que a compõem nos ensinam a respeitar a natureza e o corpo em que vivemos.

O café amargo e o cachimbo dos pretos-velhos, as penas dos caboclos, a capa de exu, a flor da pomba-gira, os doces de ibejê, o facão dos baianos, o punhal cigano—elementos que absorvem, manipulam e direcionam as mais belas energias. O sorriso da Padilha, o olhar sincero do cigano, as travessuras do Exu-Mirim, a seriedade de Seu Tranca-Ruas, a alegria do Martim, a sabedoria de Seu Pinga-Fogo, a mandinga do Chico-Preto, sempre equilibrando a sintonia da casa e representando a segurança a todo o momento e a toda hora, não se esquecendo do profundo conhecimento da psicologia humana, sempre nos orientando no melhor caminho. A simplicidade de Tupinambá, a meiguice do Vovô-do-Congo e a luz que brilha da Mariazinha, sempre nos trazendo o exemplo da trindade humildade-pureza-caridade; o amor com que a doutora nos trata com seus fluidos de saúde e paz, trazendo a força do oriente e os seus mais belos perfumes.

Todos trabalhando com as suas forças e as forças da natureza—água, terra, ar, fogo, pemba, mandalas do ponto riscado, incensos, plantas, pedras e flores—visando única e exclusivamente o nosso desenvolvimento físico e espiritual, nos ensinando a cada dia a Lei do perdão e do amor.

A essa Umbanda, quero me dedicar e com ela continuar o meu aprendizado. Me espanto em não conseguir explicar com palavras o nosso terreiro, mas nem teria sido possível escrever as linhas acima se não fosse a bondade e a perseverança do Dr. José Pelintra, que sem ver os nossos defeitos sempre esteve ali, nos amparando, ensinando e dirigindo.

Agradeço a Deus pelo senhor, Seu Zé, pela felicidade de ter sua companhia; ou melhor, eu agradeço a Deus pela felicidade de participar dessa casa linda e de ter o convívio com essas pessoas maravilhosas que o senhor pôs no meu caminho. Permita que eu possa ser para cada filho do Seu Zé o que eles são para mim. Que Deus te ilumine, Seu Zé, por tudo e que a sua bênção caia sobre seus filhos!

Nota: Material gentilmente cedido do acerco pessoal de Paulo D`Ogum disponibilizado na página:http://umbandalinda.com/estudos/

Capítulo II
Perguntas de Umbanda

Como se manifesta a espiritualidade na Umbanda?

O mundo espiritual não está dividido entre pretos velhos, caboclos e crianças, mesmo por que a religião universal se chama fraternidade. A Umbanda manifesta a espiritualidade no símbolo da humildade através do preto velho, da simplicidade através do caboclo e da pureza através da criança.

Quais as diferenças dos guias na Umbanda da direita e da esquerda como no caso de Exús e Pomba Giras?

Quando falamos de direita e esquerda no cenário Umbandista, estamos nos referindo a polaridade, onde nossos guardiões: Exús e Pomba-giras realizam o trabalho na Umbanda como os guardiões do templo. No campo da mediunidade, o espírito que trabalha nessa falange sustenta o psiquismo do médium e dá segurança em sua vigília. Inúmeros são os companheiros (ou compadres) que se propõem a trabalhar nessa falange Exu/Pomba-gira, empenhados no progresso da humanidade.

Qual a diferença entre Exu Orixá e Exú entidade?

Exú Orixa:

Representante da energia cósmica que atua sobre a Terra;

Comandante de Ogum na execução da lei cármica do planeta;

Mensageiro dos orixás, trazendo suas energias e transformando em equilíbrio das forças que mantém o globo;

Ativador de todas as mudanças e transformações da matéria para que se cumpra a lei da evolução;

Agente da lei do retorno;

Ponto de sustentação das mais íntimas vibrações que envolvem o nosso sistema;

Conhecedor das causas e executor dos efeitos na roda da vida;

Cientista e pesquisador do laboratório de Deus;

Construtor em plano Maior da co-criação e arquiteto da perfeição de seu Mestre;

Base sólida donde nascem as polaridades da energia e canalizadores da condensação da mesma;

Reponsável pela disciplina e aglomeração de todos esses raios, ondas, fagulhas, frequências que circundam a atmosfera;

Orientador das ondas emanadas a cada milésimo de segundo por todos os seres viventes, sintonizando-as na Lei da ação e reação.

Assim é Exu, o manipulador da matéria em sua mais íntima essência. Quando associamos nos ímãs—o azoto da pinga, as cores e os perfumes das rosas, o carvão vegetal, as essências e azeites, a água, o fogo, o mineral (como pedras e ferro)—a energia etérea que cada tipo de de comida desencadeia, estamos elaborando até mesmo sem consciência um grande laboratório em que os conhecedores dos fluidos vêm interagir com os mesmos, canalizando não só para a segurança como para o equilíbrio do ambiente, proporcionando, assim, a chegada das vibrações mais sutis, vindas de outras terras (ou colônias, ou Aruanda) para trabalhar na seara da caridade. Por isso surgiu desde os tempos africanos que Exu tem que ser assentado ou imantado primeiro, antes de qualquer trabalho espiritual, ou os ditos que "sem Exu não se faz nada", "casa de Umbanda ou Candomblé que não tem tronqueira, não tem segurança", "antes de fazer as obrigações de bori ou camarinha, primeiro se despacha para Exu".

Exu é o dono dos caminhos, ou seja, o guradião das energias que transitam e se cruzam no mundo mental terrestre.

Exú Entidade:

A entidade que se manifesta na Umbanda se denominando Exu ou Pomba gira denota-se que é a frequência de sua atuação e trabalho, ou seja, essa entidade trabalha na frequência do Orixá Exú

Exu trabalha depois da meia-noite, dizem alguns, às vezes por saber que eles trabalham nas mais negras camadas da inferioridade espiritual, na busca de resgatar o irmão de volta ao caminho do qual se transviou.

Exu é ativo, Pomba-gira passiva; Exu é masculino ou postivo, Pomba-gira feminina ou negativa: por isso Exu não trabalha sem Pomba-gira ou Pomba-gira sem Exu; por isso falarem que todo Exu tem sua mulher e toda Pomba-gira tem seu marido. Na verdade, são duas forças que se fundem para criar o perfeito equilíbrio. Exu não cobra ou castiga, apenas libera as reações de suas ações.

Qual a diferença entre os chamados "Exu-quiumba" e "Exu--de-Lei/batizado"?

Essa será uma resposta simples, clara, mas eu deixo a você um dia, ou dois, ou três... porque para responder a sua primeira pergunta de 40, eu poderia falar por três horas... porque quando se vai falar sobre o Exu-quiumba ou o Exu-de-Lei, nós temos que voltar na história da demonologia Mesopotâmica, há 4.000 anos antes de Cristo, onde tudo começou. Bom, até eu chegar ao Exu-quiumba, eu fico ao seu dispor... Agora, você anota e os outros lêem depois.

A diferença entre o Exu quiumba e o Exu-de-Lei é que os Exu--quiumba são espíritos que se prestam a serviços tanto do mal quanto do bem—porque não sabem o que fazem, para eles não existe diferença entre mal e bem, porque o conceito de mal e bem está longe da consciência, da sua razão. O Exu-quiumba é aquele usado pelos feiticeiros, pelos magos, que trabalham com Exu... ou outros espíritos fazendo o mal, não necessariamente chamados Exu (porque se você estuda as profundezas da magia, da bruxaria, não se tem o nome "Exu". "Exu" é um termo yorubá, que veio da África.). O mal na mesma base, na mesma vibração [da magia feita com um Exu-quiumba] é feito em várias seitas diferentes, com o mesmo potencial—na bruxaria européia, no voodu, na alta magia, e em várias outras seitas. O Exu--quiumba é esse Exu que se presta a esses serviços, que atende os pedidos quando recebe o material. Ele só tem os olhos no material que ele recebeu, é como se ele fosse um pistoleiro: você paga, ele mata; ele recebeu, ele faz; ele não tem noção [do bem e do mal. Posso acrescentar aí que no dia que ele tiver a noção do que o pai-no-santo ou outra pessoa que está usando ele, está fazendo com ele; o dia em que ele pensar em progredir e querer descobrir as faltas horríveis que ele cometeu, e que ele foi usado... ai, ai, ai... É aí que ele vai cair em cima da pessoa que usou dele, e vai cair muito, porque ele é vingativo. Esse é o Exu-quiumba.

Através dos Exus-de-Lei, é feito uma mescla entre os Exus-quiumba e os Exus-de-Lei dentro dos terreiros para dar uma oportunidade que os Exus-quiumba se melhorem. Em qualquer terreiro, tenha ele qualquer intenção, seja ele de qualquer origem da criação que o pai-no-santo ou a mãe-no-santo (o babalorixá ou a ialorixá) recebeu. Às vezes o pai-no-santo tem um bom coração, uma boa índole, mas ele teve aquela criação de que "o Exu dá o que se pede". Mas tendo um bom coração ele tem uma boa escora e um bom Exu-de-Lei, mas é colocado nesse meio o Exu-quiumba para fazer o trabalho sujo que por ventura é solicitado, mas nessa mistura eles [os Exus-quiumba] vão crescendo, estando em paz. Não sei se isso responde a uma outra pergunta, mas o Exu-quimba não vê diferença no Exu-de-Lei; eles pensam que são todos iguais; em uma lei onde não manda a lei do amor, mas a lei do mais forte, a lei do respeito imposto pelo braço, pela maldade. É por isso que os Exus-de-Lei se apresentam muito poderosos sobre eles, e eles têm que respeitar.

O papel da sua escora é impedir que outro Exu lhe faça mal—por isso você "entrega" para Exu. A sua escora é um amigo de todas as horas, um iluminadíssmo, que além do bom coração que tem e do conhecimento profundo da magia, se dispôs a cuidar de você; e ele vai tratar de Exu como um Exu. Um [Exu-quiumba] não sabe quem é o outro [Exu-de-Lei], e ele [Exu-quiumba] não sabe porque está mergulhado nessa ignorância, nessa cristalização mental. Todos nós temos um grau de cristalização mental. Às vezes nós não queremos enxergar o que é necessário fazer, mudar, para que possamos ser mais felizes. Às vezes nós sabemos, no "fundinho" nós sabemos, e a voz da consciência, e a voz determinante desse Exu compadre, dessa escora, está sempre nos alertando, porque ele está totalmente ligado às fraquezas humanas, aos vícios da matéria e aos vícios do coração.

O Exu-de-Lei se dispõe a trabalhar, seja qual for a seita, para que essa transformação seja realizada; para que seja feita a vontade do Senhor, nos novos tempos que virão. Essa falange de espíritos, que entra em todas as seitas, a fim de, aos pouquinhos, ir mudando a concepção das idéias, dos preceitos, e do coração. Vai chegar o dia que o Exu-quiumba não vai ter acesso aos terreiros, no dia em que o coração das pessoas mudarem, o ponto de vista mudar: o que é mexer e lidar com um ser espiritual. As pessoas materializam muitos os espíritos... isso vai mudar. Nesse dia a Umbanda vai mudar também.

Porque existe a "lei de Exu", segundo a qual todo trabalho necessita de um pagamento? No caso em que esse pagamento se dá através de objetos materiais, como conciliar essa forma de trabalho com a essência da Umbanda, que é a prática e o exercício da caridade verdadeira, através do exercício do amor livre de interesses?

Primeiramente, o fato de pagar Exu não foge da lei da caridade. Pagar Exu, ou seja "pagar o chão" é uma lei que a quimbanda conhece. Se os Exus-de-Lei trabalham mesclados com os Exus-quimba para a evolução deles [dos Exus-quiumba]... tudo bem que eles [os Exus-quiumba] são ignorantes, mas eles não são burros. Essa é a lei da pemba, a lei da Umbanda, a lei da Quimbanda, dessa área da magia. O Exu-de-Lei, que nunca fez ou não faz a maldade (porque você pode pedir a maldade para o Exu-de-Lei, mas não vai ser ele que vai fazer e, sim, você mesmo, junto com outras forças.). Bom, você tem que pagar o chão. Infelizmente o chão sai caro em muitas casas... Mas "pagar o chão" é uma moeda, uma moeda de um centavo, é o simbolismo. Infelizmente, as pessoas procuram esse "simbolismo" de acordo com a cara da pessoa: "esse tem dinheiro, é tanto; esse não tem, vai ser tanto; desse eu vou cobrar muito dinheiro, mas como esse outro não tem eu vou cobrar 10; o chão foi pago. A paga do chão é uma necessidade—você vai entender o porquê agora".

Se um quiumba vira para mim e fala "você está fazendo o bem". Eu viro pra ele e falo na mesma hora: eu recebo não é para fazer o que me pagam? Não importa se é o bem ou se é o mal. Não é essa a lei?"; "Ah! Mas você não é um Exu porque você só pratica o bem...", eu falo: "Não, eu recebo para fazer o que me pedem, o que me pedem eu tenho que cumprir."

Se você paga o Exu para ter o ouro, você vai ter o ouro. Se você paga o Exu para ter a mulher que você escolheu, você pode pedir em 3, 7, ou 21 dias e ela vai ser sua. Se o pai-no-santo for "bom", se a energia for bem colocada, o seu emprego, a sua mulher, o seu carro... tudo, você vai ter na sua mão, porque esses [Exus-quiumba] são espíritos profundos conhecedores da lei material e longe da lei do coração.

A paga do chão é essa: eu tenho direito de fazer o que você me pedir, pois você está me pagando. Eu estou aqui trabalhando para você, não estou fazendo caridade. É a lei da quimbanda: paga, recebe.

Nota: Material gentilmente cedido do acerco pessoal de Paulo D`Ogum disponibilizado na página: http://umbandalinda.com/estudos/perguntas-sobre-exu/

Como cada médium deve "cuidar" do seu Exu?

Primeiro, com respeito. Eu estou cansado de ver bons médiuns, com bons Exus, que, quando alguém faz alguma coisa contra eles, jogam o bom amigo e companheiro de todas as horas contra quem fez. O Exu, ou guardião, abaixa a cabeça, faz uma prece, pede perdão por ele... Mas esse médium vai ter quem faça. O pessoa que mexe com a quimbanda tem que ter cuidado até com seus pensamentos, porque ela joga. Não queira que o meu cavalo tenha raiva de você; não é pra passar medo para você, mas para exemplificar a força que ele tem, o potencial de "jogar". É assim que funciona e é assim que é: cada um é responsável pelos seus atos e cada um colhe o que planta, sempre.

Respeito e carinho: é a melhor maneira de tratar do seu Exu. Ele não vai lhe cobrar, ele quer ver você feliz. Ele vai lhe cobrar se você andar errado, mas quando eu falo "ele vai lhe cobrar" eu falo o que o Exu intimamente significa, a lei da causa-e-efeito. Porque mesmo os quiumbas são utilizados, na sabedoria do cordeiro de Deus, para que seja realizada a lei da ação-e-reação. Eles são utilizados sem saber, para que essa lei se cumpra; assim como vários espíritos são utilizados nos processos da natureza, no desabrochar e no crescer das flores, das plantas, na chuva, no vento, na terra, no fogo; as ondinas, no mar, os elementais, os gnomos... todas as expressões de inteligência, todos os processos evolutivos em crescimento mental, mesmo que ele possa estar dormindo na fase mineral, ou despertando na fase animal, ou tendo sensações nessa mesma... eles estão sempre sendo manipulados pela lei do Criador.

Para trabalhos que atingem esse nível, graças a esse mesmo Criador, existem vocês, na Umbanda. Em alguns terreiros, o desenvolvimento mediúnico se dá primeiramente através dos trabalhos com Exus. Por que em nossa Casa não é assim? Por que, em nossa Casa, Exu não se manifesta em sessões públicas?

Primeiro, por causa do pai-de-terreiro de vocês. Ele não quer e nós temos que respeitar a decisão dele. Por um lado, ele está correto e pode ser que no futuro ele venha a mudar os pensamentos. Por mais que eu esteja 100% no médium, que é o coisa mais rara e quase impossível de acontecer (o espírito estar 100% incorporado no seu cavalo—porque por mais que ele esteja assentado e com as rédias na mão do espírito, o cavalo é quem está caminhando, os olhos do cavalo, a perpecção dos sentidos de olfato, de audição vem na frente da pessoa que está montada nele). Então, por mais que nós estejamos 100%, nós ainda respeitamos essa decisão dele. Essa decisão pode ser consciente ou inconsciente.

Eu vou tentar explicar o que eu tenho aqui, nessa casa mental [do médium]. Por muitos anos, e pelos muitos erros relacionados com a confusão que as pessoas fazem de Exu, ele [o médium] não quer pelo medo do que as pessoas vão pedir para Exu, e ele não quer também, como ele leva o trabalho muito pelo lado Kardecista—pelo choque material, porque o Exu trabalha muito na matéria, porque o Exu é o agente da matéria. Por elevar o trabalho a um nível, a uma estrutura, a um conhecimento, a uma base, ele acha que o Exu vai entrar em choque com os ensinamentos. Além disso, ele sabe que Exu pode trabalhar espiritualmente. Mas se eu desço na Terra, eu ponho fogo no meu caldeirão, eu impunho a minha espada, e pego a minha capa, o meu vinho e o meu charuto.

Isso não significa que o terreiro tenha mais ou menos força, porque embora ele não abra sessões de atendimento para Exu, ele cuida de Exu como tem que ser cuidado, a segurança é muito bem feita, ele faz a parte dele e Exu está cumprindo o papel que tem que ser cumprido; isso não altera em nada nos trabalhos do terreiro.

Se submetidos a uma análise superficial, os hábitos e forma de expressão de algumas entidades da Umbanda parecem não estar em sintonia com um trabalho que visa a espiritualização do Ser. Por exemplo, no caso dos Exus, o atendimento com o fumo, a bebida, vestimentas, palavrões, arrotos etc. Uma reflexão maior nos indica que esses hábitos podem ter 3 causas, as quais podem, teoricamente, atuar em conjunto ou não. São elas:

1. Esses hábitos são necessários e fazem parte dos fundamentos da Umbanda. Nesse caso, eles estão sob uso consciente e voluntário da entidade. Cabe aos médiuns estudar e procurar entender os fundamentos da Umbanda e o motivo pelo qual as entidades possuem uma forma determinada de expressão;

2. Esses hábitos são resquícios de hábitos arraigados nas entidades; estão sob uso consciente e voluntário da entidade, mas não são necessários e/ou parte do fundamento da Umbanda. Nesse caso, seria responsabilidade do médium tentar alterá-los, através de uma "doutrinação";

3. Eles são frutos de hábitos e experiências do médium e são usados pelas entidades devido as limitações impostas pelo uso do veí-

culo mediúnico. Nesse caso, como no anterior, tais hábitos não seriam necessários e/ou parte do fundamento da Umbanda. O médium teria a responsabilidade, assim, de se educar e alterar suas crenças e hábitos para não influenciar tanto na forma de expressão das entidades.

Nota: Material gentilmente cedido do acerco pessoal de Paulo D`Ogum disponibilizado na página: http://umbandalinda.com/estudos/perguntas-sobre-exu/

Para exercer uma mediunidade responsável e dentro dos fundamentos da Umbanda, precisamos saber distinguir entre essas alternativas. Como proceder para distinguí-las?

Primeiramente, esquecendo da Umbanda, vamos analisar o veículo mediúnico de uma forma geral. O espírito trabalha no médium sem a necessidade de qualquer veículo físico para que o mesmo trabalho, com a mesma qualidade, se processe. Eu mesmo, quando eu desço, eu tento manter a feição do médium como ele é; a voz, o jeito de olhar, a aparência, para mostrar que o médium não precisa mudar a sua postura e que o que vale é a mensagem que sai pela boca. Poderia não ser eu, poderia ser ele aqui falando; isso não interessa, o que interessa é o aprendizado que está sendo transposto.

O médium, ao longo do tempo, vai aprendendo a lidar com ele mesmo, sempre para melhor. Mas se você analisar o sentido da lei da quimbanda, a maneira com que as entidades descem, e a maneira na qual elas trabalham, eu já respondi essa pergunta para você, quando estava falando de quiumba e Exu-de-Lei.

A maneira na qual o espírito trabalha não altera o produto, a qualidade da comunicação, mas se ele trabalha com um linha assim, uma linha de quimbanda, ele tem que trabalhar de acordo. Isso não significa que todo o Exu necessita do fumo ou do álcool ou dos aparamentos. Isso vai depender do compromisso dele com o médium e do compromisso da carga que ele vai jogar em cima do médium; isso não significa que um Exu que beba muito álcool seja "melhor" ou "pior" que um Exu que beba água. A diferença é o trabalho que um ou o outro realiza. Porque às vezes, o médium pode estar com um Exu que está bebendo muito e um outro médium, com um Exu que está bebendo água está realizando muito mais do que o Exu que está bebendo muito. Aí entra o sério perigo, um risco muito grande, do médium consigo mesmo. O médium tem que ter a consciência, a responsabilidade de saber até que ponto ele está treinado para o trabalho. Porque se ele não está completamente sintonizado com o energia do Exu, e esse Exu bebe e fuma, ele vai acabar absorvendo os resíduos negativos que o vício contém. Isso vai atrapalhar o físico dele, a mente dele, e ele vai acabar entrando em sintonia com entidades que necessitam desse vício.

É por isso que eu respeito o meu cavalo na decisão de não desenvolver a linha de Exu, porque vocês ainda não chegaram no ponto de entender que o que vale é a essência, que a cura se dá através da imposição das mãos. "Ah! Mas porque é assim com ele? Porque é que o Pinga-fogo desce, bebe e fuma?"—eu estou jogando as 3 alternativas juntas, tá? É do espírito? É. É do médium? Também. Cada caso é um caso que se deve analisar olhando muito tempo atrás. Quem sabe a quantos e quantos séculos ele vem trabalhando nessa rotina? Ou quem sabe ele não fez mal uso do álcool e do fumo no passado e os mesmos se apresentam na mediunidade para que ele possa trabalhar e santificar esse vício? Vê-se, então, que cada médium é um médium e cada caso é um caso; não existe diferença de um para o outro, nunca. Mas o médium tem que ter a consciência e a responsabilidade. O trabalho é realizado da mesma maneira.

Os ingredientes, durante o trabalho, são utilizados no sentido de trabalhar na mesma faixa vibratória, na mesma onda na qual os espíritos ignorantes trabalham. É claro que nós mudamos completamente o sentido. O fumo é um vício, mas, ao mesmo tempo, quando eu o uso, eu faço uma quebra físico-psíquica no ar, que destrói, que corrói todas as larvas, bacilos, fungos, projetados pelas formas-pensamento, projetados pela infecção, poluição, sujeira mental que todos nós acumulamos no nosso dia-a-dia, em nossas auras, em nosso psíquico, de uso não só individual, mas com as próprias entidades. Eu uso desse mecanismo para o bem. Cada Exu vai canalizar esse mecanismo para o sentido do trabalho que desenvolve.

Nota: Material gentilmente cedido do acerco pessoal de Paulo D`Ogum disponibilizado na página: http://umbandalinda.com/estudos/perguntas-sobre-exu/

Qual a influência do veículo mediúnico na vida e nas atitudes de seus consultados?

Se vocês desenvolvem a parte espiritual, se querem aprender a encaixar, a receber a sintonia—seja dos caboclos, pretos-velhos, ou qualquer das falanges trabalhadoras da Lei da Pemba—devem também aprender que efeito isso traz se o médium não está preparado.

Não basta só a fé e a boa-intenção, mas a consciência também é necessária. Consciência de que a verdadeira sintonia com o plano astral, no sentido de atendimento em prol da caridade, tem que ser baseada na disciplina, disciplina, disciplina—setenta e sete vezes. É na disciplina onde nós encontramos a responsabilidade e a consciência.

É muito bonito o fenômeno espiritual—a paz que os mentores nos trazem, o carinho, a amizade, a dedicação, as curas—mas a disciplina e essa consciência têm que ser exercitadas sempre, sempre. O Rabi da Galiléia disse "orai, mas vigiai"—essa vigília deve existir sempre.

Quando uma pessoa está para ser atendida por um espírito, ela está depositando toda a fé dela na solução do problema que ela traz ali, naquele momento. No momento quando vou atender uma pessoa, ela vai jogar para a mim toda a responsabilidade do problema e o que eu falar, ela vai fazer. Agora: o espírito é a água e o médium, a jarra. Se a jarra está suja, a água vai sair suja. Temos que ter essa consciência porque ela vai agir na sua coroa, tanto na mediunidade consciente quanto inconsciente. Mesmo se o médium é inconsciente, a responsabilidade também é dele. "Ah, mas eu não me lembro...". Você não lembra, mas você está atuando, na sua parte espiritual. Não existe o fenômeno sem a passividade mediúnica. Seja o fenômeno de vidência, de audiência, de clarividência, de psicofonia, de sensibilidade, qualquer que seja, ele necessita da passividade mediúnica para acontecer. Vamos estar conscientes disso: da responsabilidade. Façamos como Francisco de Assis, sejamos humildes e primeiro peçamos ao Pai: "Senhor, fazei de mim um instrumento de tua paz". Com o coração envolvido de amor e olhando no próximo uma pessoa que precisa de evolução, nós podemos, então, chamar as nossas entidades e atender. Mas devemos ter o cuidado, junto aos nosso guias, de sempre motivar a pessoa para o progresso e para a evolução. O espírito nunca define a situação para ninguém—isso seria uma transgressão do livre-arbítrio de cada um. O médium deve ter cuidado, porque as pessoas perguntam e perguntam muito. Elas querem saber de tudo, elas querem a resposta "certa". Elas querem tirar delas mesmas a responsabilidade dos seus próprios atos—inconscientemente, mas é isso que acontece: "eu posso fazer, mas o espírito não me falou pra fazer..." Em todo o setor, o livre-arbítrio é uma lei, seja nos sentimentos, seja nos problemas materiais. Lembrem sempre, meus filhos, da vigilância e da disciplina, sempre.

Vamos nos livrar da vaidade, a vaidade que leva o médium ao ponto de pensar que sem ele, não haveria o fenômeno; que se não fosse ele, que por causa dele, que... a, sim, você começa a se distanciar dos verdadeiros princípios do amor. A humildade é a base. A minha capa é amarela, bonita; a luz do sol, brilha; e nem tanto deixa de valer mais que o ouro que está guardado no cofre e ninguém vê[1]. Fazer a caridade necessita força e fé. Não é a qualidade de fenômeno mas, sim, o que você está jogando para a pessoa. Vocês estão se preparando para a vida do Santo, junto com essa vida de atendimento. Não é pôr o pé no fogo que vai determinar se o espírito está ali ou não, é o que ele vai falar, o que ele vai fazer. Não é o número de mandingas que você vai passar para a pessoa fazer de segunda a sexta-feira, mas é o que você vai tocar no coração dela com sua palavras.

A principal coisa que o médium tem que aprender é amar, amar. Amai-vos uns aos outros, como o Rabi vos amou. Sempre use a força de Exu, a força determinante que há de proteger vocês das emboscadas, pois o mal existe e está por aí: o mal feito, a bruxaria, o vudu. Peça a Exu a proteção, sempre, o dono dos caminhos.

Vocês vão ser muito felizes, fazendo o bem sabendo que estão realmente fazendo o bem. Cuidado para não se iludirem: fujam do fanatismo e fujam também do comodismo. Nós não devemos ser fanáticos, mas também não devemos ser comodistas. A nossa reforma moral foi pra ontem. Não julguem. Cada um tem o seu momento, cada um tem o seu ponto, mas vamos fazer o melhor de nós. Vamos nos preocupar mais conosco do que com os outros, e, se a pessoa erra, vamos dar apoio a ela através do nosso exemplo e do nosso perdão. Vamos seguir o caminho da vida e vamos viver felizes, em paz e alegres. A fé independe da quantidade de orações, da quantidade de jiras que você faz por semana, da quantidade de banhos de descarrego que você toma, mas da qualidade de seus pensamentos ao encarar a vida, ao encarar você mesmo, ao encarar o sol que se põe e a noite que entra, e as pessoas que vivem ao seu redor, porque elas são as fontes da sua evolução. É através das pessoas que estão ao nosso redor que nos é dada a oportunidade de

---

1 Com o intuito de facilitar a compreensão dessa frase (de alto valor metafórico e, consequentemente, de significado subjetivo e potencialmente obscuro) o editor toma a liberdade de apresentar sua interpretação pessoal, a qual deve ser analisada criticamente pelo leitor. No contexto da importância da humildade no serviço mediúnico, o ouro representa o médium vaidoso (com um valor potencial, somente; de certa forma artificial, aparente, ilusório), que não é útil para o serviço ao bem do próximo (está no "cofre", inacessível ao uso pelo Plano Maior). Já o médium humilde (como a luz do sol), embora seja pouco valorizado pela maioria dos homens, está constantemente a serviço do Bem. Como a luz do sol, esse médium trabalha sem cessar e sem buscar recompensa, beneficiando a todos, indiscriminadamente; como a capa de Seu Pinga-Fogo, ele é simples mas, em sua simplicidade, traz em si a beleza natural de tudo que serve de instrumento ao trabalho do Plano Maior.

desenvolver a nossa paciência, nossa compreensão, nossa humildade, nosso perdão. Porque se não for por elas, vão ter que trocar as pessoas, porque vai ter que ser por alguém. Mas por trás desse alguém tem um passado, ou seja, um presente, porque nós somos tudo aquilo que nós fomos, e o que nós vamos ser vai depender de nossas atitudes, do que nós construimos a cada dia, na nossa fé.

Usem essa jira, filhos, esse contato com a espiritualidade superior, esse contato em que cada caboclo vem abraçar seu filho e vocês percebem, na matéria, como a força grande. É o contato que vem mostrar a cada um que a vida existe, ela compensa. Nós não temos tempo a perder com tristeza, com desânimos, com indagações que não vão nos levar a lugar nenhum. Vamos construir, sempre, vamos nos ajudar. Vamos amar ao próximo e ajudar as pessoas que estão em nossa volta, da melhor maneira possível. Aproveitem esse momento de axé. Aproveitem esse momento de cada mês quando vocês vêm se abrir para o plano espiritual e deixem que as melhores qualidades de seus corações se desabrochem. Permitam que essa mesma vibração, esse bem-estar que todos sentem neste trabalho possa transcorrer no dia-a-dia de vocês, como uma rotina. Você acorda e escova os dentes; pois você vai aprender a acordar e pensar em felicidade. Lembre da linha que eu disse do fanatismo: não é você falar só sobre espiritismo, não é você comentar só sobre esse assunto; não é só esse assunto que é positivo, tudo que é positivo é positivo. Nós devemos viver, vamos viver a vida, respeitando e amando, sempre. E aí, filhos, o fenômeno mediúnico se encaixa numa perfeita sintonia com as mais bem-intencionadas almas no propósito de colaborar na mediunidade de vocês ao auxílio do próximo; aí, sim.

Que Ogum, com sua força, com suas armas, possa defender o caminho e o propósito de cada um. Que a força desses lanceiros possa iluminar esse trabalho.

Nota: Material gentilmente cedido do acerco pessoal de Paulo D`Ogum disponibilizado na página: http://umbandalinda.com/estudos/influencia-do-medium/

Por que crianças (na matéria) e mulheres menstruadas não podem ficar perto de Exu (incorporado)? Por que a menstruação impede alguns trabalhos mediúnicos?

As pessoas tem a idéia errada de que o Exu não tem a vibração boa e, por isso, as crianças não podem estar perto de Exu, porque são "puras".

Mas é a forma na qual o Exu vem que choca as crianças. Não é pela pureza, mas é porque a criança não entende. Às vezes, certo tipo de trabalho choca vocês, quanto mais uma criança... Então, em respeito a essa entidade que está em fase de amadurecimento terreno, formação psicológica de suas idéias e concepção a respeito do mundo, dos pais, família, sociedade, circunstâncias, crescimento... É um choque para as crianças. Você não pode colocar uma criança na presença de Seu Tranca-Ruas; vai ser criado um medo na criança. Isso não tem nada a ver com vibração. Infelizmente, todos têm essa idéia errônea sobre vibração, principalmente sobre Exu.

Quanto à menstruação, Exu trabalha com o símbolo mais específico da matéria, da vida: o sangue ou, como muitos Exus dizem, a "menga". "Menga" é um termo nagô, provindo da sociedade yorubá, originária da África. Sangue é vida e quando a mulher está menstruada ela está liberando muito sangue e Exu trabalha com sangue. Quando eu bebo, eu recupero toda a glicose que estava sugando do meu cavalo. E se o meu cavalo não pudesse beber? É claro que eu recuperaria de outra maneira. Mas é por aí, a questão do elemento sangüíneo.

Podem haver excessões. Se o Exu fala "ela está menstruada, mas ela fica na jira", ele vai bloquear a pessoa, ele vai preparar a pessoa espiritualmente e isso acontece muito no terreiro de vocês. Como o trabalho [da jira] é raro, mensal, as pessoas menstruadas são preparadas porque se elas perderem o trabalho só vão participar de um outro em 2 meses.

Nota: Material gentilmente cedido do acerco pessoal de Paulo D`Ogum disponibilizado na página: http://umbandalinda.com/estudos/perguntas-sobre-exu/

Qual o trabalho espiritual e físico desempenhado pelo Tronqueira? Por que é necessário que um médium específico tenha essa função?

A casa tem um tronqueira espiritual. O tronqueira de vocês é o mestre Tranca-Ruas, o responsável pela segurança da casa embora ele trabalhe com uma falange imensa de Exus e não-Exus que colobaram para que o processo se passe—desde a segurança de vocês até os problemas que vão ser encaminhados nas mãos de você. Por agora, por exemplo, todos nós já sabemos, para os próximos 50 anos, as pessoas que vão chegar, o dia que vão chegar, a hora que vão chegar, porque vão chegar, como vão chegar e como serão resolvidos os casos. Cada caso é um caso e cada caso tem uma maneira de se lidar. Seu Tranca-Ruas, na coroa do meu cavalo, é o responsável pela tronqueira espiritual.

O tronqueira, ou o ogã (porque o ogã é todo aquele que presta serviço material no terreiro, não só no atabaque; a palavra "ogã" se usa muito para os tocadores de atabaque porque são os que mais aparecem) tem a finalidade de representar Exu na matéria. Para complementar, o tronqueira, pela lei da pemba, pela lei da Umbanda, da Quimbanda, não incorpora. Nós não permitimos que o tronqueira abra o seu psíquico, porque ele tem que estar bem, ele tem que estar firme, equilibrado, controlado, ciente de seus próprios pensamentos, das suas emoções. Porque ele é a representação material e se a porta da mediunidade não é aberta, ele tem mais segurança para agüentar os trabalhos pesados que caem sobre ele. Esse é o papel do tronqueira.

Alguém tem que ser o tronqueira. Porque, nessa casa, o tronqueira é o meu filho [Neto]? O papel dentro de uma casa não significa nem destaca uma pessoa sendo melhor do que a outra. Ele é o tronqueira porque, além de ser o tronqueira da casa, ele é o tronqueira do meu cavalo [Paulo Antônio]. Aonde o meu cavalo vai, ele vai atrás; aonde meu cavalo pisa, ele pisa atrás. Há 12 anos, quando meu cavalo teve a manifestação com o Caboclo Tupinambá, ele estava do lado, já exercendo o papel de segurança física. Pela lei do santo, o tronqueira tem que passar por 7 anos, 10, 15, dependendo da nação, para chegar a esse nível... mas a preparação é antiga, e só é dado a cada um o que cada um consegue realizar.

Nota: Material gentilmente cedido do acerco pessoal de Paulo D`Ogum disponibilizado na página: http://umbandalinda.com/estudos/perguntas-sobre-exu/

Pode-se ter imagens de Exu e Pomba Gira em casa?

Depende de como determinada casa de Umbanda interpreta Exu e Pomba Gira.

No fundamento Exu guarda a porta e por isso em todas as casas de Umbanda, a casa de Exu está do lado de fora das dependências do templo, sabemos porém, que se uma filha da casa mora num apartamento, como exemplo, e adquiriu uma imagem de uma Pomba Gira cigana o bom senso nos diz que ela pode ter sua imagem em casa, desde que não transforme sua casa em uma casa Espírita.

Por que em alguns terreiros de Umbanda o homem não pode receber a pomba gira?

É um tabu. Tanto o Orixá quanto a entidade não afeta a sexualidade do médium, antigamente se acreditava que se o médium trabalhasse com qualquer entidade feminina isso iria afetar sua sexualidade. Sabemos muito bem que a incorporação se dá de perispírito para perispírito.

Qual a diferença entre os Exús e a falange dos Ciganos?

A Umbanda recebe a falange cigana nas vibrações de Exú e Pomba-Gira, em certos terreiros não existe distinção, no caso de outras casas, assim como a nossa, tratamos a falange cigana separada que representam a linha do Oriente.

Por que Exú trabalha com Ogum ou Omulú na Umbanda?

Os Exús desempenham seus trabalhos através da Umbanda na Calunga "cemitério" casa de Omulu ou nas encruzilhadas onde Ogum é o dono da encruzilhada e dos caminhos.

Sendo que os Exús que trabalham na calunga além de desmanchar trabalhas que foram feitos na mesma, canalizam suas energias na cura. E os Exus que trabalham nas encruzilhadas além de desmanchar trabalhos que foram feitos na mesma, eles canalizam sua energia no descarrego.

Por que se paga um trabalho para Exú?

Temos que entender que quando a Umbanda recebe as falanges que se denominam como Exu e Pomba Gira, a Quimbanda já exerce seu trabalho dentro do conceito que Exu faz o que lhe pague, não importando se fosse algo positivo ou negativo, isso seria então o fundamento da Quimbanda.

Os Exus que se apresentam na Umbanda, usando essa roupagem, embora dependendo do terrreiro vão ser chamados de Exu de Lei, coroados ou batizados que são entidades que usam as mesmas roupagens da Quimbanda, trabalham na mesma vibração da quimbamda e por consequencia observam seus fundamentos, lembrando que os trabalhos no centro de Umbanda são realizados para levantar, construir e despertar o ser, nunca para destruir.

Por que Exu e Pomba Gira se manifestam tão humanos e completamente envolvidos com as paixões terrenas?

Por vários fatores: a manifestação teatral como Exu e pomba gira se apresentam cria com o ser humano uma ligação mais direta. Uma vez que as pomba giras são conhecedores das emoçoes e do relacionamento humano ao passo que os Exus também estão ligados á questões que envolvem o mundo material já que essas duas entidades trabalham com uma força telúrica (terra).

O que é a Quimbanda e como surgiu?

A palavra Quimbanda vem da cultura Banto que no idioma quimbundo significa o ato de curar. Era bem comum as cidades e vilas na Africa terem um quimbandeiro ou curandeiro. No Brasil colonial quando o negro chega em terras brasileiras, ao matar um animal ele escorria o sangue devolvendo a Exu a força da vida. Observado isso pelos brancos católicos esse ato foi considerado "satânico", o culto africano como pagão e relacionando como obra do diabo. Através do mediunismo começaram a se manifestar seres que ainda voltados ao ódio e desejo de vingança pela escravidão se denominavam Exú, ou seja, o próprio diabo. E como eram Espíritos diferentes começou a surgir nomes diferentes, tendo estes trabalhos assumindo uma denominação como trabalhos de quimbanda, assim surge a quimbanda brasileira, onde se pagava esses seres ou médiuns para obter o resultado de seus pedidos.

Qual a diferença entre trabalhos de magia negra e os trabalhos realizados na Quimbanda?

A magia e a bruxaria tem seu apogeu na mesopotamia antiga, influenciou toda a Europa a longo dos tempos. Quando Exu foi associado ao diabo, cria-se então uma nova realidade associando a bruxaria européia que foi trazido ao Brasil na época colonial por ter sido uma terra de exílio, e a pagelança indígena existente. Todos esses elementos contribuiram para a manifestação dos trabalhos de quimbanda. Só então no séxulo XIX é que a Umbanda começa a trabalhar com a Quimbanda conhecidos hoje "os trabalhos jogados" para que guardiões usando as mesmas roupagens pudessem atuar na mesma vibração, no desmanche de tais trabalhos.

Em quais pontos Umbanda e Espiritismo se alinham e se distinguem?

Somos muito gratos a Allan Kardec pelo seu método e estudos sobre a interação Espírito e matéria e todas as suas nuanças, desde a vida no plano Espiritual e a própria comunicabilidade com os Espíritos através dos processo mediunicos. Indicamos a todos aqueles que vê a sua mediunidade como compromisso sério que se proponha a estudar as obras básicas de Allan Kardec começando pelo Livro dos Espíritos. A Umbanda tem uma influência Kardecista no que se trata de temas como: o apelo da reforma íntima, a disciplina no desenvolvimento mediùnico, a necessidade da reforma moral do médium e outros temas no que tange a mediunidade em si.

O Espiritismo e a Umbanda se alinham por que tanto um quanto o outro tem como base em sua filosofia e proposta da caridade.

Se distinguem por que são religiões diferentes, cada uma com sua liturgia prórpria, mas com o propósito de educar, orientar e dispertar o ser para sua realidade espiritual nos trânsitos materiais.

O que é são os Orixás na Umbanda?

O Brasil foi colonizado pelos negros de origem Banto que vieram dos países Moçambique, Angola, Congo, Guiné, Cambinda, Costa do Marfim e outros. Eles viam o Orixá como forças vivas da natureza e os chamavam de "inkices". Ouros negros vieram da cultura Daomé atual Benin e chamavam os Orixás de Voduns. No final do século XVIII chegaram no Brasil os negros Yorubás da região do Queto, atual Nigéria, que viam os Orixás como ancestrais e cultuavam sua ancestralidade.

Uma coisa que essas culturas tem em comum, é que a figura de Deus na representação do Orixá Olorum é a causa primária de todas as coisas, Ele é Uno, Ele é Onipresente, Onisciente e Onipotente.

Na Umbanda não vemos os Orixás como forças da natureza nem como um ancestral, mas sim como uma força cósmica mantenedora não só de nosso sistema mas também a força mantenedora do ser encarnado que está inserido na escola Terra para seu progresso.

Assim como na cultura afro, a Umbanda vê Deus como a causa primária de todas as coisas, e interpreta os Orixás como partículas da Divindade, como por exemplo: Exú é o movimento, e a reprodução, Oxalá o amor em sua essência, Ogum o impulso motor, Oxum a geração e a beleza, Omulu a transformação, Yemanjá a criação e o social, Nanã a maturidade, Oxóssi o equilíbrio psíquico, Ossãim, os princípios (raízes), Iansã a expansão, Oxum-Maré, conexão ou ligação, Xangô, as leis, o discernimento e a justiça, forças que se relacionam, completando a divindade como um todo.

Assim, as várias formas de entendimento da criação, em suma, são os meios que os Espíritos na longa jornada da evolução, podem entender e interpretar a Deus e sua criação do qual todos fazemos parte, o nosso babalorixá escreveu um tema em março, 2003 que nos dá uma noção sobre a nossa jornada:

> O Progresso Espiritual
>
> A mensagem abaixo foi escrita por Paulo Antônio Garcia, no dia 19 de Março de 2003
>
> O Progresso Espiritual
> Somos oriundos e herdeiros de uma espiritualidade que é a essência de nossa criação e vivência. Com destino ao progresso, experimentando os diferentes estados da matéria e contribuindo com a evolução da mesma, seguimos a jornada, envolvidos pela nossa realidade espiritual do momento em que nos encontramos; somos sempre convidados a desatar os laços que nos prendem ao passado do instinto e a seguir o nosso caminho.
>
> As modificações emocionais, experimentadas através das diferentes circunstâncias físicas e psicológicas apresentadas a nós no dia-a-dia, nos possibilitam o grande molde da personalidade. Atingimos o amadurecimento através das experiências que nos colocam em uma lei natural de causa-e-efeito, ação-e-reação, cientes de que "a semeadura é sempre opcional, mas a colheita é obrigatória".

Obrigado, Deus, Pai de sabedoria, por esta escola de tratamento e doutrinação espiritual chamada "Terra", na qual todos os fenômenos temporais e espirituais nos resgatam de volta aos nossos princípios de que somos herdeiros.

Nota: Material extraído do acervo pessoal de Paulo D´Ógum disponibilizado no site: http://umbandalinda.com/mensagens/cartas-do-babalorixa-mar-2003/

Quais são os Orixás de Umbanda?

Não existe Orixás de Umbanda. Como um dos elementos que compõem a Umbanda é a cultura afro, ela traz através de seus pretos velhos, principalmente, a cultura dos Orixás, depende do terreiro, observamos a diferença no culto de alguns Orixás. Comumente nós temos os Orixás Exu, Oxalá, Ogum, Oxóssi, Xangô e Omulu. E as Yabás(senhoras) que seriam os Orixás Yemanjá, Nanã, Iansã e Oxum, variando de terreiro para terreiro, como no caso de nossa casa, também cultuamos o Orixá Tempo, Oxum-Maré, Ossãim e o Orixá Euá.

O que significa: a Umbanda é Universal?

A Umbanda é Universal por que além de aceitar e respeitar toda manifestação de religiosidade dentro de si mesma, observamos claramente essa Universalidade de expressão da fé, como por exemplo: a cultura dos cabolcos brasileiros é diferente da cultura afro de nossos pretos velhos que também é diferente da cultra que traz a falange do povo cigano que também é diferente da cultura que traz os médicos espirituais. Todos voltados no intuito de trazer o bem estar físico, emocional e espiritual de seus fiéis.

Um médium com problemas pessoais pode trabalhar na Umbanda?

Claro. Quando que um médium não vai ter além de problemas, conflitos pessoais?

O que o médium tem que ter é a disciplina com o seu compromisso mediúnico e espiritual, uma vez que se entrega ao trabalho na Seara do amor, ele deixa os seus problemas lá fora.

Uma vez que o medianeria não se sinta equilibrado, deve se dirigir ao responsável pelos trabalhos e ter a humildade de dizer: "hoje eu não estou bem, eu quero fazer parte da assistência".

Se uma pessoa não desenvolver a mediunidade pode sofrer a vida inteira?

Depende. Nós vemos a mediunidade como um órgão físico que se não for trabalhado pode sim causar desajustes.

Antigamente, por falta de conhecimento, médiuns muito mecânicos chegavam aos terreiros e ouvia do Pai de Santo, o seu Orixá está te cobrando, o seu Exú está te batendo. A pessoa começava a trabalhar, se harmonizava e o Pai de Santo dizia: não te falei?

Vemos um pouco diferente, a medicina tradicional chinesa, enxerga o ser humano como uma bateria energética e dentro desta tradição, o profissional se dispõe a fazer uma terapia com a acupuntura para que haja então um desbloqueio dessa energia para que a pessoa se harmonize.

Mais ou menos assim, respondemos a sua pergunta, uma vez que a pessoa está atuante no trabalho mediúnico, ela se harmoniza de uma energia então bloqueada, no entanto, Orixá e Exú não batem em ninguém.

Lembrando que a manifestação mediúnica se dá em diferentes graus e diferentes formas, mas ainda é um compromisso assumido pelo medianeiro antes mesmo de seu encarne, junto com a sua espiritualidade na tarefa da semeadura do amor.

A pessoa encontra a sua mediunidade em um terreiro?

A mediunidade é um atributo inerente ao ser conquistado nessa ou em outras experiências. A eclosão mediúnica pode se dar em qualquer seguimento espiritualista ou fora dele.

Assumir que você ganha mediunidade dentro de um trabalho espiritualista é ignorância, nenhum Pai de Santo ou templo pode te dar ou tirar a sua mediunidade.

Na incorporação qual é a resposansabilidade do médium e da entidade?

A entidade, por ser entidade está habilitada e preparada ao trabalho a se realizar; ao passo que o médium deve ter o compromisso com a sua disciplina, reforma moral e os estudos.

Vou dar um exemplo: Bethoven chega no terreiro, eu peço a ele uma melodia, o piano está quebrado ou com as cordas desafinadas, ainda é Bethoven, a pergunta é: Vai sair uma melodia?

As entidades podem evitar que o medium seja assediado por espíritos ainda nas trevas?

O médium é responsável por sua escolhas e pelo padrão de seu comportamento mental, os mentores e entidades deste médium, embora o protejam, auxiliam e amparam, jamais roubariam do seu filho o seu crescimento e aprendizado através de suas escolhas.

O livre arbítrio deve ser respeitado em todas as circunstâncias que a alma se encontre.

"A semeadura é opcional, a colheita é obrigatória"

Quais as consequências para um médium que age de forma mal-intencionada ou irresponsável com sua mediunidade?

A mediunidade é dom Divino onde não envolve somente o médium, mas os seres ligados a ele no compromisso Maior.

Usar esse dom para o mal além de negar o próprio dom como instrumento de edificação, seria comercializar as próprias forças num objetivo denigrente onde a alma se encarcera em débitos na sua jornada.

Existe um espírito responsável pelo desenvolvimento do médium na Umbanda?

Sim. Comumente na forma de um Caboclo, o que se observa mais tarde como seu guia mentor.

As entidades podem abandonar um médium?

Uma vez que o médium não corresponde ao compromisso assumido com seus mentores e principalmente se a vaidade e o orgulho se observa operante, o afastamento de seus guias se dá, embora o médium continue o seu trabalho, mas como não tem base moral, o mesmo trabalho se desmorona.

Qual é o maior inimigo do mèdium?

O ego e a vaidade.

Se médium fosse perfeito não seria médium, se chamaria inteiro. Por isso que na Umbanda chama-se os médiuns de "cavalo", por que as entidades montam e o "cavalo" obedece.

O médium tem que ter amor, compromisso e carinho com o que ele faz. O médium que acha que sabe tudo já caiu e não sabe.

Palavras de José Pilintra.

Se uma pessoa está doente ou com idade muito avançada, há meios de bloquear a mediunidade?

A mediunidade obedece também a saúde mental do médium.

É comum ver médiuns com problemas de alzheimer ou outros fatores de degeneração mental serem afastados de suas tarefas mediúnicas.

Quais os mecanismos da incorporação?

A incorporação como qualquer outro fenômeno mediunico se dá de perispirito para perispirito, ou seja, a entidade comunicante através do transe mediunnico vai elevar o nivel vibracional do medium, abaixar o seu, ajustando em perfeita sintonia para que a manifestação se dê.

Como se dá a incorporação na Umbanda?

A incorporação na Umbanda obedece ao nome "incorporar" por serem trabalhos longos, existe a necessidade da incorporação da personalidade da entidade comunicante para que se mantenha o médium em transe.

Um outro aspecto a se obervar seria o fator psicológico em relação ao consulente de como a incorporação se dá. A humildade do Preto velho, a simplicidade do Caboclo e a pureza da criança através de suas manifestações contém uma forma de acesso mais rápida com aquele que convive.

O que representa os ensinamentos de Jesus Cristo para a Umbanda?

Jesus, quando passou na Terra, não tinha templo, casa, ou igreja. Durante a sua jornada, sua peregrinação—levando a palavra do amor, levando a semeadura da paz, levando a nova Lei que há de ser a nossa Lei, a conduta natural de viver de cada um—ele falou aos humildes, falou aos pobres, falou aos cultos, falou na montanha, falou aos pescadores... Ele deu o exemplo, filhos. Ele viveu a doutrina que ele pregou.

A proposta, filhos, nesse dia tão grande, tão maravilhoso; nesse dia tão abençoado que a Terra recebeu do nosso Pai misericordioso a oportunidade de conhecer essa conduta que nos levará ao caminho da felicidade é de que nos recordemos, filhos, do propósito dessa doutrina. Doutrina essa, que vocês estão estudando. Lembrem sempre, meus filhos, de ir na essência dela: Fora da caridade não há salvação; vamos fazer aos outros aquilo que queremos para nós mesmos; vamos perdoar; se pedirem a nossa capa, vamos dar também a túnica; se nos pedirem para andar mil passos, andemos ainda dois mil; se nos baterem na face direita, apresentemos também a face esquerda. Filhos, vamos ser mansos e pacíficos para que possamos chegar ao Reino que Ele nos prometeu.

Quando perguntaram a Jesus, na sua passagem, se Ele era o Rei, ele disse: O Rei é meu Pai, e o meu reino, é o Reino dos Céus. Ele estava falando filhos, da verdadeira vida, da vida eterna, do nosso presente, da constância dos pensamentos, dos acontecimentos, dos nossos atos, dos fatos—eles vão construindo nosso futuro a cada minuto, filhos. Agradeçam sempre a Jesus por ter nas mãos uma doutrina tão bela como a doutrina que Jesus nos deixou. Vamos refletir justamente nesse dia, mas também a cada manhã, a cada amanhecer, meus filhos. Vamos pensar o que de melhor podemos fazer naquele dia e como estamos fazendo para que essa dourina possa frutificar dentro de nós.

Não é necessário ficar lendo, ficar pensando, filhos, devemos fugir do fanatismo. Vamos sempre usar a fé raciocinada. Vamos apenas viver essa doutrina. Vamos viver alegre, vamos viver contentes, vamos viver felizes, vivendo com outras pessoas todas as qualidades de que toda a circunstância nos traz para o nosso progresso, para o nosso crescimento moral, intelectual e espiritual, filhos.

Ah, filhos... Chegará o dia em que a humanidade não vai conhecer o ódio, não vai conhecer a vingança, não vai conhecer os vícios, como vocês já não conhecem os gladiadores, vocês já não conhecem as arenas com os leões, vocês já não conhecem aquele que tem a mão cortada por ter roubado, vocês já não conhecem, filhos, a escravidão, vocês não conhecem a queima nas fogueiras. A medida que o Homem vai observando essas Leis que Jesus nos deixou, há dois mil anos... nos vamos chegar lá, filhos, se Deus quiser.

Lembremos da responsabilidade de cada um de nós, filhos. Seja estando aqui nesse país ou em qualquer outro lugar: a nossa responsabilidade como Cristãos, sobretudo como espíritas; a responsabilidade de nossa conduta dentro de nosso círculo espiritual e fora dele. Vamos usar esse dia lindo, esse dia grande, para meditar sobre essas coisinhas.

Que o Cristo-Pai nos ilumine, que o rabi da galiléia abençoe o caminho de cada um de vocês. Que Ele possa se iluminar e que Deus, na sua infinita misericórdia possa iluminar essa alma tão bendita, que tanto nos quer bem e tanto nos ajudou e tanto nos mostrou o nosso caminho.

Muito obrigado, Pai.

Boa noite, meus filhos. Que o Amor de Jesus una todos, sempre, em uma ambiente de paz, harmonia e amor. Vamos seguir Jesus, filhos: Ele é o caminho, a verdade e a vida, só Ele. Que Jesus nos abençoe.

Nota: Material gentilmente cedido do acerco pessoal de Paulo D`Ogum disponibilizado na página: http://umbandalinda.com/mensagens/sexta-santa/

O que a Umbanda pode dizer sobre a relação da vida na matéria e o Plano Espiritual?

Que louvado seja Nosso Senhor Jesus Cristo, filhos.

Que louvado seja todo aquele que trabalha em nome do amor na obra da luz.

A réplica do Brasil colônia vem hoje no terreiro desta senzala comemorar a libertação. Décadas e décadas se passaram, todavia nos encontramos algemados - nas algemas dos vícios – vícios físicos e comportamentais; na algema do medo; na algema do orgulho, do ego; na algema da mágoa; da ausência de perdão; na algema da rigidez; na ausência de compreensão; na algema do ódio; na ausência do amor profundo; nas algemas do ciúme; com a ausência da libertação sublime. Mas o Plano Astral, sob licença e orientação divina, permite aos filhos em terra comungar e experimentar o Plano Espiritual, trazendo esta certeza íntima de que a vida na Terra não passa de um plano de passagem, onde a verdadeira vida é a vida da alma. Na comunhão com o Plano Superior, libertemo-nos das algemas que ainda nos escravizam a alma. Libertemo-nos, então, de todos os sentimentos contrários às leis que nos impedem de nos sublimar ante a luz criadora e divina do Universo. Caminhem, meus filhos, com o sentimento sublime do amor em seus corações, para que a paz possa reinar em seu mundo íntimo, manifestando as belezas da vida na sua mais íntima expressão.

Abençoem o mundo à sua volta, abençoem a tudo e a todos como oportunidade divina de conhecermos a nós mesmos e explorarmos a nossa capacidade de nos libertar. Liberdade é direito do ser, herança Daquele que nos criou. Dado o livre arbítrio, as decisões do caminho vão delineando as diretrizes que vão tomar o destino à nossa volta e a manifestação de tudo aquilo que almejamos dentro de nós. Que este sentimento, então, da liberdade maior seja diretriz firme na orientação mental, na orientação íntima, em suas escolhas deste caminho. Peçam, em sua fé, que Deus possa libertá-los de todas as amarras que impedem que a felicidade se estabeleça em sua obra íntima, e que a sua individualidade possa se tornar una com o seu próprio Mestre Criador.

Felizes dos mansos e pacíficos, disse o Rabi da Galiléia, porque eles herdarão o Reino de Deus. Felizes os que sofrem em amor ao meu Pai, que está nos Céus, porque herdarão os Reinos de Deus. Felizes daqueles que descobrem a Verdade e vivem essa Verdade a cada passo, porque a eles serão descortinados os Reinos de Deus.

Que o amor seja a conduta. Que o amor seja a mola mestra. Que o amor seja a orientação. Que o amor seja o conselhor maior. Que o amor seja sempre o nível de comparação. Para que o amor possa fluir de dentro para fora, construindo uma atmosfera onde a serenidade e a doçura possam conviver na intimidade de seus corações.

As almas vêm e as almas vão, trazendo a sublime oportunidade ao campo da matéria. Aproveitem, meus filhos. O arado está pronto.

Lançai mão à charrua, como pediu o nosso Mestre da Galiléia. Há muito o que fazer nesta obra do Amor. Entreguem seus corações ao Plano Superior. Entreguem em disciplina, humildade e determinação, para que esta obra se conclua dentro de sua alma e possa se espelhar através do exemplo firme na capacidade de influenciar àqueles que nos circundam na experiência física.

Para sempre seja louvado todo aquele que trabalha em nome do amor, na obra da luz. Que sejam louvadas as santas almas benditas e sagradas do caminho. E que essas almas iluminem o caminho dos meus filhos.

E que Jesus nos abençoe e que abençoe esta casa, iluminando o caminho de cada um. Abençoando os que aqui estão e os que ainda hão de chegar, mostrando a verdade íntima na experiência individual de cada ser, para que cada um descubra essa verdade dentro de si, através da consciência maior, das responsabilidades de cristãos no solo terreno.

Nota: Material gentilmente cedido do acerco pessoal de Paulo D`Ogum disponibilizado na página: http://umbandalinda.com/mensagens/pai-miguel-das-almas/

Qual a finalidade dos Estudos Mediúnicos na Umbanda?

Então é isso aí: O estudo esclarece; se esclareceu, você aprende; se aprendeu, você pratica; se praticou, você vive; se você viveu... já foi. Só o estudo abre, só o estudo quebra a ignorância da alma. Estudo sobre geografia, história, física, química, sobre Jesus, sobre Exu... Quanto mais você estuda, mais você entende a vida. É por aí.

Cada dia que passa, vocês estão mais compenetrados no trabalho, sentindo a essência dele. Então, quando formos estudar a parte prática da Umbanda, é porque cada um de vocês está preparado para isso. Aí você pode falar assim: "Mas eu cheguei no trabalho só faz um mês...". Olha, eu conheço gente com 50 anos de Umbanda que não está fazendo nada. Não é por aí, não. Sábio não é quem sabe muito. Sábio é quem sabe usar o que sabe. Essa é a verdadeira sabedoria: usar o que você sabe. Eu acho que vocês já estão com muita coisa pra usar, viu... muita coisa. Porque o preparo não tem sido só nos estudos de terça-feira; o preparo é um todo, ele tem sido a soma de todas as experiências de vocês: os trabalhos, as repetições do Exu Mirim, do Seu Zé, dos guias... são os trabalhos em uma maneira geral. Se vocês pararem e se analisarem, vão perceber uma grande mudança de esclarecimento. A cada dia o trabalho cresce mais, espiritualmente, porque a cada dia vocês estão crescendo mais, porque quem faz o trabalho são vocês.

Cada grupo tem sua realidade, cada grupo está realizando o seu papel, mas é dado a cada um o que cada um pode receber. Eu vou repetir: o que determina o nível espiritual do trabalho são os médiuns e a assistência. A intenção de vocês vai determinar o que é que o trabalho pode realizar. É por esse e outros motivos, que a casa de vocês tem trabalhos 24 horas por dia. Espíritos chegam doentes de todas as maneiras, vão deitando nas camas, sendo operados, atendidos pelas enfermeiras, enquanto a fila continua grande. Chegam espíritos suicidas, espíritos para estudar o trabalho... palestras e palestras e palestras sobre a vida espiritual, sobre Jesus, usando o magnetismo de vocês. Por isso é que a casa já é o que é. Vocês lembram quando o caboclo Tupinambá pegou nos documentos e falou: "A casa é grande, mas não é grande porque tem muita gente; é grande porque é grande de coração". Vamos entrar nessa essência.

Cada um de vocês aqui é candidato a espírita. Não são candidatos a médium porque vocês já nasceram sendo médiuns. O verdadeiro espírita é o verdadeiro cristão; você reconhece o bom espírita por suas obras. O verdadeiro espírita, como está no livro sagrado, é aquele que luta a cada dia para domar as suas más tendências, é aquele que luta a cada dia pela sua reforma íntima, é aquele que luta a cada dia pela sua espiritualização. Nós só vamos conseguir chegar lá, na mediunidade bem desenvolvida—que é a intenção da casa—pela mão de vocês, pelo esforço próprio de cada um. Não é na hora do trabalho [de atendimento], porque na hora do trabalho as coisas vem de graça, porque a mediunidade já está em cima, mas é no dia-a-dia.

O que mais atrapalha o médium e destrói a mediunidade dele é a falta de humildade. Por isso é que é importante estudar e praticar a humildade lá fora e aqui dentro, entre vocês, antes de dar consultas e praticar a mediunidade. Eu vou dar um exemplo simples. Conheço um terreiro, de um médium chamado Seu João, que tem 69 anos. Há mais ou menos uns 10 anos, o neto dele, que acompanhou o Seu João a vida inteira, passou a ser o encarregado pelo terreiro. Há uns 3 ou 4 anos, o neto desenvolveu a mediunidade e começou a trabalhar. Acontece que o mentor do Seu João não dava espaço para os guias do neto (e quando eu falo "não dava espaço para os guias" eu quero dizer que ele não dava espaço para o médium, viu? Vocês estão mais do que cientes que os guias estão trabalhando em vocês a qualquer hora, quando vocês estão aqui, quietos. O guia só quer saber de trabalhar; ele trabalha e trabalha duro.). Então o médium, por falta de humildade, abandonou o terreiro do avô e ficou, nos últimos anos, passando de terreiro em terreiro. Agora ele voltou para o terreiro do avô, mas você sabe com qual intenção? Tomar conta do terreiro quando o avô morrer. Sabem por quê? Porque ele tentou abrir o terreiro dele e não conseguiu. Além disso, não se adaptou em terreiro nenhum. Ele foi levando os problemas dele para cada terreiro que ele foi, está lá no terreiro do avô com todos os seus problemas em cima, só esperando o avô morrer para ele poder tomar conta e dizer "esse é o meu terreiro". Aonde está a essência disso aí?

Eu dei um exemplo para vocês porque o médium, sem a humildade, não chega a lugar nenhum. Seria fácil para o Seu Zé, que chamou cada um de vocês, colocar vocês na jira, deixar incorporar sem estudo nenhum e dar um canto pra vocês, dizendo: "se vira". Isso é uma maneira de agir; outra maneira é escolher formar o médium. Isso aqui [o estudo de terça-feira] está sendo uma escola. Se você parar e analisar tudo que já estudou, você vai ver que isso aqui está sendo uma grande escola. Tem uma diferença entre essas duas maneiras de agir. Não é para acontecer aqui o que se vê em outros terreiros, com médiuns e pessoas da assistência levando questões fúteis e de ordem material para os guias. Isso não é para acontecer porque vai de encontro com os estudos e o propósito da casa, o propósito de formar os médiuns. Formar o médium é formar o cidadão, é formar você para ser feliz, é formar você para se relacionar bem dentro da sua família, no seu trabalho, no trânsito, na rua, com os seus problemas, entre vocês e abrir um canal enorme entre você e as energias positivas. Aí a mediunidade vem e encontra uma boa estrutura. Até lá, a sua mediunidade vai sendo "segurada".

Isso não significa que vocês estão sendo subestimados e que só o meu cavalo [Paulo Antônio] pode atender incorporado; estou dando esse exemplo por causa da festa dos ciganos [ocorrida no dia 13 de outubro de 2002] quando foi passado que só o Juan iria atender. Isso não significa que o Juan seja "melhor" do que qualquer outro cigano (porque não existe "o melhor", existe, sim, aquele que quer fazer o bem e é para isso que eles estão aí) e não significa que o médium esteja sendo subestimado. Isso foi feito porque, além de todo o processo de aprendizado que cada médium teve, o fator "humildade" foi jogado em cima. Vocês sabem porque? Porque quem não agüenta a pressão sai; não agüenta. Quem não agüenta, fadiga e sai. Não achem que eu estou brincando, eu não estou, não estou. Você pode falar assim: "O Exu Mirim está 'viajando'". Eu não estou. Se você não me entende agora, você vai poder me entender depois.

Vou dar um exemplo—já sendo uma prévia da explicação sobre a camarinha. Quando os guias do médium pedem, o médium é encaminhado para fazer a camarinha e receber uma imantação, para estar "preparado", com todas as energias afinizadas para que comece o atendimento sem se prejudicar (mas isso não quer dizer que o médium que esteja atendendo sem ter feito a camarinha esteja sendo prejudicado, porque, nesses casos, já houve toda um preparação... a camarinha é um símbolo). Bom, suponham que, depois de fazer a camarinha, o médium não é chamado para atender [com o seu guia, aos consulentes]. Se esse médium não tiver humildade, em 6 meses ele está fora da casa. Ele pode se perguntar, "porque é que não estou 'trabalhando'?". Se ele sabe que é um médium de incorporação e não tem humildade dentro dele, eu não dou 6 meses para ele sair da casa. E aí, cadê o amadurecimento? Cadê a essência? E aí, cadê a noção de espiritualidade, de saber que o espírito trabalha com você realmente, no pensamento, na sua atitude. Cada um de vocês tem que saber que vocês são um só.

Vai chegar a etapa para tudo e, quando essa etapa [de fazer a camarinha] chegar, ela chega com um preparo. Só vai dar errado se você quiser realmente dar murro em ponta de faca. Isso [o preparo, o estudo] elimina a chance de erro, porque vocês sabem que a mediunidade é um campo muito amplo e vocês tem muita condição de se atrapalhar. Todo o médium que experimenta o fenômeno sabe disso e alguns de vocês, inclusive, podem ter tido experiências em outras casas, não só de Umbanda, mas Kardecista também. Está tudo bem até uma agulha invadir o coração... Isso acontece até em locais onde há estudo, estudo, estudo... e "deu pau". E quando isso envolve a mediunidade junto? Isso são coisas que vocês vão entendendo...

Vamos desenvolver o amor, vamos ser cristãos, vamos amar, vamos ser espíritas e vamos desempenhar o trabalho direitinho. Esse é o crescimento de cada dia e os guia estão aí, trabalhando, sem parar.

O meu tempo já foi, e nós vamos aí, nesse rumo. Muita paz pra vocês, saúde, força, fé, bons trabalhos, uma boa semana... e é isso aí.

Nota: Material gentilmente cedido do acervo pessoal de Paulo D`Ogum disponibilizado na página: http://umbandalinda.com/wp-content/uploads/2014/01/Mediunidade-e-Humildade--por-Exu-Mirim-da-Calunga.pdf

Como se preparar para os Estudos Mediúnicos?

É questão de sintonia e da vigília dos pensamentos:

"A sintonia se dá a todo minuto. Não existe um meio-termo nisso aí: você não pode falar 'agora eu vou descansar e vou ficar por meia hora sem me sintonizar com nada'... O pensamento é vivo, é vivo em energia: ele busca, atrai e reflete nossas emoções e associa energias, as quais são refletidas fisicamente em você... Você pode gerar saúde, progresso, expansão da sua consciência, felicidade e você pode gerar um câncer, o desequilíbrio mental, uma depressão, uma paranóia, um medo... você pode gerar tudo, porque tudo é atração. A nossa mente é um gerador de forças que não pára de construir, não pára de criar. E nós temos um computador automático que é a nossa aura mental, aonde está o mundo das formas—nós vamos criando formas, as formas vão tomando rumo, e nós vamos construindo o nosso futuro, a cada dia; a cada minuto, nós estamos construindo os nossos próximos cinco minutos. As formas vão se formando de acordo com o poder da vontade, daquilo que você realmente imbute dentro de você. É por aí..."

"Dicas" para intensificar a absorção de conhecimentos durante os estudos:

• Cuidar da alimentação: não ir para os estudos com fome, mas também não se alimentar com refeições pesadas. A digestão da carne vermelha concentra a energia do organismo no campo gástrico e a ingestão de produtos com cafeína (café, chocolate, refrigerantes) estimulam o sistema nervoso e criam um magnetismo que dificultam a sintonia com os trabalhos;

• Buscar um preparo mental antes do início de qualquer trabalho: "Se todos vocês estão aqui para se preparar para ser espíritas, para serem bons cidadãos com o apoio de toda a espiritualidade e dos fenômenos, é importante que nos façamos a seguinte pergunta: 'Como é que eu tenho que me preparar para a vida?' Não para a 'vida espiritual', porque essa vida já é a vida espiritual de vocês... como se preparar para essa vida? Como devo me preparar para viver bem? O que você quer para a sua vida? Aí eu vou deixar assim, porque cada um tem as suas necessidades. O que está lhe prejudicando? O que lhe incomoda? É exatamente aí que você tem que trabalhar. Eu já deixo garantido para vocês que, se você se prepara, você recebe. Se você se prepara para uma prova, pode ser que você não tire 100, mas você vai se sair bem, porque você se preparou para a prova; se você não se prepara, eu não posso lhe garantir nada... Essa é a Lei do Criador: não tem 'chute', tem progresso e progresso tem esforço e esforço requer determinação, vontade, rumo, objetivo."

Nota: Material gentilmente cedido do acerco pessoal de Paulo D`Ogum disponibilizado na página: http://umbandalinda.com/wp-ontent/uploads/2014/01/Prepara%C3%A7%C3%A3o-Para-Os-Estudos-Medi%C3%BAnicos.pdf

Por que alguns médiuns depois de incorporados escutam e sabem tudo o que acontece e outros são totalmente inconscientes ao que se passa?

Quando o Senhor Allan Kardec estudou e pesquisou o fenômeno mediunico em 1851, ele se deparou com três realidades; médiuns inconscientes, médiuns conscientes e médiuns semi-conscientes.

Sabemos que a mediunidade mecânica ou inconsciente foi usada principalmente no desenvolvimento da Umbanda como mecanismo de demonstração da fé e da veracidade através de suas manifestações do plano espiritual, nos dias atuais isso já não é mais uma necessidade, embora encontramos diferentes maneiras de manifestação queremos ressaltar que a experiência mediunica é unica não existindo nenhum médium igual ao outro como não existe no Universo um ser igual ao outro.

Como disse o Rabi da Galiléia, se conhece a árvore pelos frutos que se dá e dentro de nossa área não existe melhor mediunidade, não importa como ela se manifeste.

Por que alguns médiuns tem sintomas físicos desagradáveis como dores, tonturas, enjôos?

Temos consciência de que tudo passa pelo médium enquanto ele trabalha com a entidade, mas o fato do desconforto ou o "passar mal" pode ser proveniente de uma indisciplina mediûnica, não necessariamente dos trabalhos ocorridos.

Como de aprende a dominar a indisciplina e a insegurança mediùnica?

Não se discipllina a indisciplina mediunica, ao contrário, o bom médium é aquele que segundo o Evangelho de Jesus quando fala do bom Cristão, se empenha em sua reforma moral e intima. O que eu quero dizer é que devemos canalizar nossas energias e a confiança na espiritualidade Maior e no trabalho desenvovido para que possamos então manifestar o que a entidade espera de nós.

Posso dar um conselho?:
"Senta, medite, visualize seu mentor e pergunte a ele
O que você espera de mim para que eu seja um bom médium?
Palavras de seu Zé Pilintra.

Como o médium pode se proteger de entidades mal intencionadas?
Simples. Tem um ditado popular que diz: "me diga com quem andas que te direi quem éres" ao passo que para a espiritulidade "me diga quem tu eres que eu te digo com quem andas"

Mediunidade em uma famíllia é uma questão genética ou cármica?
As duas. Porém o que é genético que não é cármico ou compromisso?
O que devemos lembrar é que a palavra carma vem do sanscrito na cultura dos vedas que denota as reações de nossas ações, tudo que fazemos gera um carma, dentro dessa mesma tradição, quando nós simplesmente formos ao invés de reagirmos, estaremos vivendo no "darma' e eliminamos o "carma".
A palavra carma é absorvida no Brasil entre a década de 60 e 70 pelo movimento dos Beatles que foi de grande influencia do Oriente no Ocidente como aquilo que devo pagar.

A mediunidade se desenvolve pela vontade do médium ou por força das entidades?
Nunca pela vontade do médium, embora sabemos que o ser humano possa se interessar pelo seu desenvolvimento mediunico, o

mesmo só pode se manifestar pela vontade da espiritualidade, não cabe ao médium dizer: vou trabalhar com Juscelino Kubstceck, ou Floriano Peixoto, a não ser que tenha um vontade ou uma intenção de tais seres a manifestar em especifico medium. Como diz o irmão Pinga-fogo: mediunidade é sintonia em todas as suas formas de manifestação.

Embora sabemos que qualquer comunicação mediunica é de ordem passiva, reconhecemos porém que a mola propulsora é do espirito comunicante.

Quando uma pessoa entra em uma casa espírita, os obsessores ou outros espíritos que a acompanham são automaticamente encaminhados para tratamento ou levados embora?

Depende; a mesma pessoa deve estar comprometida com sua reforma intima, lembrando que os mesmos obsessores só nos tem acesso e vazão as nossas fraquezas de ordens morais. Uma vez que tirou o oxigênio o fogo se apaga.

Como fazemos a reforma intima?

Uma auto análise visando o que você entende como bem estar e qualidade de vida e qual a relação dos seus principios com suas atividades cotidianas.

Lembrando que o ser humano é uma criatura de hábitos. No entanto podemos criar hábitos que não só nos blinda das influências espirituais negativas como também nos abre portas para uma experiência fenomenal de intimidade com nós mesmos e como consequência com a divindade que habita em nós.

O que é o Anjo da Guarda?

Na tradição católica o anjo da guarda é aquele que vela por ti, Sócrates dizia abertamente que tinha um "demo" mesmo porque na época de Sócrates "demo" tinha uma conotação de anjo, e nas culturas de tradição afro dizemos que cada pessoa tem o seu Eledá. Na Umbanda se traduz na figura da sua escora ou tronqueira "o seu guardião" aquele que não dorme ou o Bará da pessoa.

Um espírito sem luz pode se passar por caboclo ou preto velho?

Claro, depende da falta de vigília e segurança da casa ou do próprio medium.

Devemos reconhecer que todo ser humano está susceptivel a testes e provações, mesmo na sua área mediunica.

Como reconhecer que um espirito zombeteiro ou brincalhão está se passando por uma entidade?

Como disse Jesus, se conhece a árvore pelos frutos que ela dá.

Um espirito zombeteiro ou brincalhão não conta com alicerce moral para sustentar sua comunicação, mais cedo ou mais tarde cairá em contradição.

Pode ser permitido tais manifestações em um determinado grupo no afã de testar o próprio grupo, o médium ou o próprio dirigente da casa.

Um espírito pode matar uma pessoa ou intuir que ela cometa suicídio?

Sim; através do desequilibrio da mesma pessoa ela pode entrar em caso de subjugação ou até mesmo possessão, e isso existe desde os primórdios do ser humano no planeta como alma pensante.

Orai e vigiai, foram as palavra do Cristo Pai.

Como fazer para usufruir alguns prazeres da vida e com proteção espiritual para que os espiritos sem luz não acompanhem?

Simples. É direito do ser humano ter prazer e ao mesmo tempo, é dever do ser humano ter equilibrio em tudo.

Por que alguns terreiros trabalham com fotos ou objetos das pessoas que precisam de algum ritual de magia da Umbanda?

Não alguns terreiros, mas a maioria deles.

Não só a foto como também um objeto de uso pessoal carrega em si a energia de seu proprietário, se tornando então mais fácil o acesso na manipulação de energias canalizadas para o mesmo.

Por que os Umbandistas vez em quando procuram a natureza para fazer o ritual, tais como mar, matas, cachoeira, etc? em encruzilhadas e cemitérios?

A Umbanda reconhece como seu altar original as forças vibracionais que manifestam nos fenômenos da natureza na representação de seus próprios Orixás.

É comum hoje em dia psicólogos indicarem para que a pessoa encha uma banheira com água e sal grosso e fique ali por meia hora, como não reconhecer a força magnética do mar e por ai adiante?

O que é ser um Ogã e Qual sua funcão na Umbanda?

Embora nem todos os terreiros de Umbanda tem o uso de atabaque em seu ritual os ogãs são vistos pela espiritualidade como o médium de sustentação e coordenação para que o trabalho se desenvolva.

Os ogãs estão ligados diretamente com as energias de nosso Orixá Exú, sendo os representantes vivos de nossos guardiões.

É responsabilidade do ogã, não só no dia da jira como em qualquer dia de trabalho, olhar pelos demais médiuns, bem como pela integridade e pelo bom funcionamento do terreiro. O ogã, especialmente, tem a responsabilidade de se comportar como um médium exemplar e de orientar os demais médiuns a seguir um comportamento apropriado, tendo a humildade de que ele não foi selecionado para o cargo por ser melhor do que alguém, mesmo por que na Umbanda os cargos são indicados pela coordenação espiritual da casa ou pelo Babalorixá.

O ogã é responsável pela jira e pelo transcorrer do trabalho espiritual da casa. O preparo de um ogã abrange a consciência do trabalho que desempenham e de sua responsabilidade, a consciência da energia que está envolvida no trabalho—é isso que faz um ogã.

Por que, geralmente, um Ogã é do sexo biológico masculino?

É tradicional que o ogã seja sempre do sexo masculino. Essa tradição é fundamentada no fato de que sua função exige uma estabilidade emocional que é dificultada pela sensibilidade mediúnica e pelos ciclos hormonais característicos do sexo feminino. O ogã aprende e participa de diversas funções na casa, inclusive as que incluem manipulações energéticas ligadas à proteção contra trabalhos de magia. Nessas situações, um médium do sexo feminino estaria mais propenso a ser afetado emocionalmente do que um médium do sexo masculino, devido à diferença de sensibilidade mediúnica entre os sexos. Assegurar-se que todos os ogãs são do sexo masculino é, assim, uma forma de proteger os médiuns do sexo feminino (as quais são mais aptas que os médiuns do sexo masculino para outras funções dentro da casa, de igual importância).

É comum você ver em várias casas incluindo a nossa, ogãs do sexo feminino, tendo em vista que foram pessoas indicadas pelos mentores da casa por estarem aptas além do seu próprio compromisso espiritual para tal cargo.

Por que e comum ouvirmos dizer que o desenvolvimento mediunico, ocorre mais rapidamente na Umbanda do que no Espiritismo?

Tal idéia não é congruente com o que entendemos sobre a mediunidade. Durante a jira, a maioria das pessoas sente uma energia muito grande, que as envolve e pode causar efeitos físicos evidentes, que vão desde a respiração e batimento cardíaco acelerados até o descontrole parcial de todos os movimentos do próprio corpo. Estes fenômenos são normais e, por serem de origem espiritual, são facilmente (mas de forma equivocada) interpretados como sinais de desenvolvimento mediúnico. A compreensão das funções da jira e da mediunidade nos ajuda a melhor fazer estas distinções: entender que há diferenças muito grandes entre sentir uma influência de energia espiritual, desenvolver faculdades mediúnicas e saber servir ao Amor Divino através de um apostolado mediúnico responsável e de propósitos elevados.

Assumir que as jiras de Umbanda desenvolve o médium mais rápido seria concordar com uma agressividade num desenvolvimento que se dá inclusive de maneira natural.

Qual a Importância da Cristandade na Umbanda e os ensinamentos passados por Cristo?

A história da humanidade foi abençoada por uma herança vasta religiosa e também no campo da filosofia que instiga o ser a busca de sua espiritualização.

A Umbanda por ser universalista prega que a melhor religião é a que faz de você uma pessoa melhor. O que devemos recordar é que até "ontem" o nosso Brasil era o maior país Cristão depois do vaticano. Existiu uma programação espiritual para que o Cristianismo crescesse em terras brasileiras assim como o Kardecismo também se desenvolvesse em terras brasileiras com a proposta de um levar o lado moral e o outro o esclarecimento entre os dois planos; embora podemos notar que a Umbanda agrega falanges de diversas tradições. O sincretismo religioso acompanha não só a Umbanda mas os cultos afros tendo em vista que a base Cristã se torna então um fundamento da nossa querida Umbanda.

> "Amarás o Senhor teu Deus de todo o teu coração, e de toda a tua alma, e de todo o teu pensamento. Este é o primeiro e grande mandamento.
> E o segundo, semelhante a este, é: Amarás o teu próximo como a ti mesmo"
>
> Jesus Cristo   Mateus 22: 37-39

Livro III
Preceitos do Cristo: O Espiritismo

Capítulo I
Perguntas de Espiritismo

O que é Espiritismo?

> *"E eu rogarei ao Pai, e ele vos dará outro Paráclito, para que fique eternamente convosco. É o Espírito da Verdade, que o mundo não pode receber, porque não o vê nem o conhece, mas vós o conhecereis, porque permanecerá convosco e estará em vós"*
> João 14: 16-17

O Espiritismo é em tese, o Consolador prometido por Jesus, é em suma o termo que se dá a um conjunto de princíprios e leis revelados pelos Espíritos e trazidos nas obras de Hipollyte Léon Denizard Rivail de codi-nome Allan Kardec, no qual contém a base da Codificação Espírita. Allan Kardec por seu trabalho metodológico, preparou e deu lançamento ás cinco Obras Básicas da Doutrina Espírita:

O Livro dos Espíritos (1857) publicado em 18 de abril de 1857, foi primeiro a ser publicado;

O Livro dos Médiuns (1861);

O Envangelho Segundo o Espiritismo (1864);

O Céu e o Inferno (1865) e

A Gênese (1868).

Estes cinco livros, denominados "Pentateuco Kardequiano", contêm a teoria e a prática da Doutrina Espírita, traz orientações dos Espíritos e entendimentos sobre o mundo espiritual e sua relação com o mundo material, além de elucidações sobre a existência e o destino dos Espíritos.

O Espiritismo, segundo seu próprio codificador Allan Kardec, busca trazer á luz da razão, ou através da fé raciocinada, respostas às várias questões até então obscuras ou mal interpretadas pelos homens acerca dos ensinamentos do Cristo e o mundo espiritual, ou que se mantinham como uma lacuna de mistérios ainda não revelados pelas escolas religiosas tradicionais.

Foi então, em meados do ano de 1855 que o educador Hipollyte Léon Denizard Rivail teve contato com singelas anotações sobre os chamados "fenômenos das mesas girantes", onde por alguns amigos fora convidado a participar dessas reuniões, na sequência empregando uma metodologia estruturada, pode condensar algumas perguntas sobre psicologia, filosofia e natureza espiritual, neste interim a sociedade Parisiense presencia o nascimento de uma nova Doutrina, o Espiritismo. Desde então, abengados trabalhadores do Plano Espiritual em conexão mediùnica intermitente com os homens iniciam a estruturação de estudos e pesquisas acerca das questões acima elencadas que visam o esclarecimento e amparo as mais variadas dores do ser humano.

O Espiritismo como á época Cristã, busca trazer á reflexão para espiritualização do ser, o qual se dá na própria exemplificação da fé viva, a busca do Cristianismo primitivo através do entendimento das mensagens trazidas pelo Rabi da Galiléia, aliar o ensinamentos do Cristo á luz da razão humana, este é o propósito do Espiritismo.

> *"O Espiritismo é, ao mesmo tempo, uma ciência de observação e uma doutrina filosófica. Como ciência prática ele consiste nas relações que se estabelecem entre nós e os espíritos; como filosofia, compreende todas as consequências morais que dimanam dessas mesmas relações.....*
>
> *..."O Espiritismo é uma ciência que trata da natureza, origem e destino dos Espíritos, bem como de suas relações com o mundo corporal."*
>
> O que é o Espiritismo – Preâmbulo – Allan Kardec
>
> *"O Espiritismo realiza o que Jesus disse do Consolador prometido: conhecimento das coisas, fazendo que o homem saiba donde vem, para onde vai e por que está na Terra; atrai para os verdadeiros princípios da lei de Deus e consola pela fé e pela esperança."*
>
> O Evangelho segundo o Espiritismo – cap. VI – 4 – Allan Kardec

O que é reencarnação?

"Na verdade, na verdade te digo que aquele que não nascer de novo, não pode ver o reino de Deus"

João 3:3

A reencarnação é o processo de nascimento do Espírito novamente, re-nascimento ou nascer outra vez, para uma nova experiência na matéria, por meio da escolha de provas necessárias ao seu adiantamento para que o Espírito possa alcançar a evolução na qual todos os seres estão submetidos.

Assim um dos objetivos da reencarnação é a própria evolução ou aprimoramento do Espírito tanto moral quanto intelectualmente. O Espíritos reencarnam quantas vezes forem necessárias ao seu aprimoramento.

166. A alma que não atingiu a perfeição durante a vida corpórea como acaba de depurar-se? — Submetendo-se à prova de uma nova existência

O Livro dos Espíritos – I Da Reencarnação - Allan Kardec

O que é mediunidade?

"E todos foram cheios do Espírito Santo, e começaram a falar noutras línguas, conforme o Espírito Santo lhes concedia que falassem"

Atos 2:4

A mediunidade consiste numa faculdade orgânica, inerente a todos os seres humanos e que permite a comunicação dos Espíritos com os homens. Essa faculdade não é exclusiva de alguma seita ou filosofia religioasa, é uma disposição orgânica inata a todos os seres, alguns a desenvolvem de forma ostensiva outros apenas de forma sensitiva, porém todos estão pré-dispostos a mediunidade.

A forma como ela se manifesta também varia conforme a cultura, a fé ou o ritual manifesto em algumas religiões. Há também manifestações da mediunidade sem o contexto religioso orientando seu desenvolvimento como no caso de alguns fenômenos paranormais.

Explicam os Espíritos Superiores que a mediunidade está na forma de intercâmbio entre os mundos a título de auxiliar o progresso dos seres humanos, no contexto de ajuda mútua para cumprimento dos desígnios de Deus.

> *"Mediunidade não é pretexto para situar-se a criatura no fenômeno exterior ou no êxtase inútil, à maneira da criança atordoada no deslumbramento da festa vulgar. É, acima de tudo, caminho de árduo trabalho em que o espírito, chamado a servi-la, precisa consagrar o melhor das próprias forças para colaborar no desenvolvimento do bem"*
>
> Mediunidade e Sintonia – Francisco Candido Xavier ditato pelo Espírito Emmanuel

O que são os Espíritos?

> *"Do pó da terra formou Deus Jeová ao homem, e soprou-lhes nas narinas o fôlego de vida; e o homem tornou-se um ser vivente"*
> Gênesis 2:7

Os Espíritos são, segundo ensinamento dos Espíritos Superiores e codificados por Allan Kardec, os seres inteligentes da criação, eles constituem o mundo dos Espíritos, que preexiste e sobrevive a tudo, povoam o Universo e o mundo material.

Todos os homens que passam para a vida espiritual após o desenlace corporal é chamado de Espírito, já que não se manifesta mais com seu corpo quando em vida material. Essa distinção se faz para entender a interpretação que se da á alma e Espírito, que na verdade é questão semântica da palavra, portanto, os Espíritos são as almas dos homens que viveram na Terra.

Ensinam ainda que os Espíritos são criados simples e ignorantes no início, evoluem gradativamente intelectual e moralmente, passando de uma ordem inferior para outra mais elevada, até a perfeição, onde gozam de inalterável felicidade.

Sendo seres inteligentes da criação subentende-se que são fagulhas da Inteligência Suprema, possuem todos os atributos da Divindade em sua essência. São co-criadores de Deus, o que significa que os Espíritos são colaboradores diretos dos designios de

Deus observado o seu grau de esclarecimento e evolução. Trazem dentro de si, a consciência da existência do Criador, e o desejo eterno de progredir e elevar-se.

Os Espíritos preservam sua individualidade, antes, durante e depois de cada encarnação, no-la perdem jamais.

> *"76. Como podemos definir os Espíritos? Podemos dizer que os Espíritos são os seres inteligentes da criação. Eles povoam o Universo, além do mundo material"*
>
> O Livro dos Espíritos – I – Origem e Natureza dos Espíritos – Allan Kardec

Qual a relação do Espiritismo com Jesus Cristo?

> *"No dia seguinte João viu a Jesus, que vinha para ele, e disse: Eis o Cordeiro de Deus, que tira o pecado do mundo"*
>
> João 1: 29

Para o Espiritismo, em suma para a Doutrina Espírita, Jesus Cristo é tido como modelo e guia para toda a Humanidade. A Doutrina que Ele ensinou e exemplificou é a mais perfeita expressão da Lei de Deus, considerando-o como o Espírito mais puro que reencarnou neste planeta em todos os tempos. A moral do Cristo, contida nos Evangelhos, é o roteiro para a evolução segura de todos os homens, e a sua prática é a solução de todos os problemas humanos e o objetivo a ser atingido pela Humanidade.

Esclarece-nos o benfeitor Emmanuel que cada palavra pronunciada pela boca do Rabi da Galiléia , é a condensação do pensamento direto de Deus, ensinando os mais complexos e profundos questionamentos dos homens através de parábolas de fácil assimilação, porém não menos complexas e profundas em seu conteúdo, que atravessam os tempos e continuam atuais e carentes de análises mais minuciosas. Sua simplicidade ao ensinar e mansietute ao lidar com as pessoas representa o símbolo da Sua grandeza Espiritual.

A vinda do cordeiro de Deus ao mundo, segundo alguns pensadores da filosofia Espírita, não representa apenas a instituição de uma nova filosofia religiosa, seria isso menosprezar a sapiência Divina, o Cristo foi e continua sendo através do pensamento vivo relatado por seus discípulos, o Grande pedagogo, o Nobre Médico das almas, que veio ensinar ao homem a procurar dentro de si, através da descoberta da espiritualidade que habita cada um, o verdadeiro conceito de Humanidade, o mais seguro Caminho, a real Verdade e a abundante Vida, que vai ao Pai através de seu modelo e guia que exemplificou não apenas com suas palavras mas em cada ato de sua existência, o conceito do homem criatura de Deus.

> *"É indiscutível que não podemos menosprezar a educação da inteligência, mesmo porque escola, em todos os planos, é obra sublime com que nos cabe honrar o Senhor, mas JESUS, com a referência, convidava-nos ao exercício constante das boas obras, seja onde for, pois somente o coração tem o poder de tocar o coração e, somente aperfeiçoando os nossos sentimentos, conseguiremos nutrir a chama espiritual em nós, consoante o Divino apelo".*
>
> Palavras de Vida Eterna – Francisco Candido Xavier ditado pelo Espírito Emmanuel

Onde vivem e o que fazem o Espíritos depois da morte?

> *"Porque somos criação de Deus realizada em Cristo Jesus para fazermos boas obras, as quais Deus preparou antes para nós praticarmos"*
> Efésios 2:10

A natureza primária do homem é sem dúvida Espiritual, é dizer nas palavras de Exu Mirim da Calunga: "somos seres Espirituais, vivendo uma esperiência material".

Sendo assim, habitamos o mundo material, nascemos, trabalhamos, aprendemos, sofremos mais ou menos conforme nossos atos, nos tornamos felizes mais ou menos conforme nossos atos e merecimentos, para eternamente evoluir moral e intelectualmente.

Após a estadia no mundo material, o retorno a Pátria Espiritual representa para uma porcentagem relativa de Espíritos um pouco mais conscientizados de sua natureza espiritual, ou seja, menos apegados á matéria, nova etapa de trabalho, evolução e felicidade.

Para aqueles que já abriram os olhos da alma imortal consciente de seus deveres para com a humanidade, a vida continua a convidar ao crescimento de si mesmo, nas mais variadas escolas de aprendizado, nos mais incontáveis campos de trabalho e refazimento do 'Reino de Deus".

No mundo dos Espíritos, eles continuam estudando, trabalhando e desenvolvendo diversas atividades nas artes, ciência, pesquisa, amparo, etc., no eterno aprimoramento de si mesmos, civendo em colônias, comunidades, cidades, planetas ou mundos nos infindáveis campos de trabalho, refazimento e evolução nas muitas "moradas da casa de nosso Pai".

> *"Além da morte, a vida continua e, com mais clareza, aí se vê a realidade da teologia simples que rege a evolução, em tudo o que a evolução possua em comum com a Natureza: "A cada um segundo as suas próprias obras".*
>
> Nosso Lar – Francisco Candido Xavier ditato pelo Espírito André Luiz

O Espiritismo crê em Deus?

> *"Mas a todos os que o receberam, aos que crêem em seu nome, deu ele o direito de se tornarem filhos de Deus"*
>
> João 1:12

Sim. O Espiritismo crê e explica que Deus é a Inteligência Suprema, a causa primeira de todas as coisas.

Encontramos no Evangelho Segundo o Espiritismo alguns dos atributos da Divindade, no qual os conceitos de Eterno, Imutável, Imaterial, Onipotente, Onipresente, Soberanamente Justo e Bom, são sobremaneira ainda profícuos, uma rudimentar idéia de Deus, visto se pensarmos mais detalhadamente em apenas um atributo Divino como Eternidade, vem ao raciocínio muitos questionamentos em relação ao quão distante pode ser esse conceito, o eterno é muito grande para caber na mente, a humanidade não possui ainda suficiente conhecimento para compreender a Grandeza de Deus.

Quanto mais avançarmos na evolução espiritual mais perto chegaremos a entendê-lo, como nas palavras do Rabi da Galiléia: "bem aventurados os limpos de coração, porque verão a Deus" (Mateus 5:3-8).

O Universo é a criação de Deus e abrange todos os seres racionais e irracionais, animados e inanimados. Todo o Universo é habitado por criaturas de Deus que vivem sob a regência de suas Leis Naturais eternas e imutáveis, pois Deus é seu autor. Suas leis abrangem tanto as leis físicas como as leis morais e o sofrimento ou a escuridão nada mais é do que a rebeldia e o afastamento ao cumprimento dessas leis, que em suma, visam a evolução gradativa de todas as criaturas.

O Apóstolo Paulo no Livro dos Espíritos nos traz um resumo do que é a presença de Deus para a humanidade: "Gravitar para a unidade divina, eis o fim da hamanidade".

"Deus existe: é indubitável; é infinitamente justo e bom: é sua essência; sua solicitude se estende a tudo: nós o compreendemos agora; incessantemente em contato com ele, podemos orar a ele com a certeza de sermos ouvidos; ele não pode querer senão o nosso bem, razão por que devemos confiar nele"
REVISTA ESPIRITA-ANO 1886-Nº 5-JORNAL DE ESTUDOS PSICOLOGICOS

Qual a relação do Espiritismo e outros mundos?
"Na casa de meu Pai há muitas moradas; se não fosse assim, eu vo-lo teria dito. Vou preparar-vos lugar"
João 14:2

O Espiritismo segue a idéia de pluralidade dos mundos habitados segundo ensinado pelo Mestre da Galiéia, "as muitas moradas" é explicitamente a afirmação da povoação de todo o Universo por seres vivos, todos eles concorrendo para o objetivo final da Providência.

Acreditar na existência de vida apenas no planeta Terra na forma que a conhecemos seria desafiar a Economia Divina, não haveria razão lógica para a existência do vasto Universo para abrigar vida em apenas um pequeno planeta situado em uma pequena galáxia em algum canto do espaço sideral.

Não precisamos entrar em questões técnicas da Astronomia para analisar que apenas em nossa galáxia, a via Láctea, podemos estimar a existência de alguns bilhões de estrelas, rodeadas por outros bilhões de planetas, alguns com características idênticas à Terra, sem apontar que a tecnologia atual nos permite estimar a existência de bilhões e bilhões de estrelas no Universo que até o momento conhecemos, somente com isso, já é possível colocar em evidência a questão da possibilidade de vida apenas em nosso planeta, não levando em conta as variadas formas de vidas e energias que podem existir em outros mundos, ou seja, as infinitas formas de matérias mais sutis ou condensadas de que são constituídos o conjunto Universal.

Obviamente a ciência regular ainda não pode provar nada de concreto que suporte nossa afirmação, porém, não podemos negar que a lógica da razão, colabora com a prerrogativa do qual defendendemos, o da pluralidade dos mundos.

O Universo é infinito até onde o conhecimento humano é capaz de alcançar visão, assim como podemos dizer que infinito são as várias formas de energias que o constituem. Os mundos habitados que circulam o espaço, correspondem exatamente ao adiantamento dos Espíritos que os habitam, assim sendo, os mundo primitivos são mais materializados enquanto os mundos adiantados seriam menos materializados, ou seja, a matéria é mais ou menos condensada de elementos daquele mundo, de uma composição mais sútil ou etérea do que nos mundos menos avançados.

Não existe uma classificação absoluta da categoria dos mundos, porém para facilitar o entendimento Kardec os classificou em 5 tipos de mundos:

- Mundos Primitivos:

Nos mundos primitivos, destinados às primeiras ancarnações da alma humana, a vida, toda material, se limita à luta pela subsistência, o senso moral é quase nulo e, por isso mesmo, as paixões reinam soberanas. A Terra já passou por essa fase.

- Mundo de Expiações e Provas:

Nesses mundos o mal predomina. É a atual situação da Terra, razão por que aí vive o homem a braços com tantas misérias.

- Mundo de Regeneração:

São mundos em que as almas que ainda tem o que expiar haurem novas forças, repousando das fadigas da luta.

- Mundos ditosos ou felizes:

São os planetas onde o bem sobrepuja o mal, e por isso, a felicidade impera.

- **Mundos Celestes ou Divinos:**

São as habitações de Espíritos depurados onde exclusivamente reina o bem, visto que todos que aí vivem já alcançaram o cume da sabedoria e bondade.

Portanto, todo o Universo é habitado por seres da criação, e o homem está longe de ser o único ser beneficiado pela Misericória Divina, bem como está longe de ser o mais sábio e o mais bondoso, porém é através das leis naturais, que se processa a vontade de Deus, e a evolução infinita se faz no homem bem como nos mundos por Ele criados. A evolução para mundos mais avançados e mais felizes que a Terra será um dia, a próxima estação de aprimoramento aos que cumpriram seu ciclo evolutivo neste planeta.

"O SOL AZULADO DE SATURNO - Vi-me então, numa superfície diversificada, onde parecia pisar sobre um amontoado de massas mais ou menos análogas ao gelo sentindo-me envolvida numa temperatura singular. Avistei muito distante, como um novelo de luz, levemente azulada, o sol; todavia, só pude saber que se tratava desse astro porque me disse o esclarecido mentor e devotado guia, tal era a diferença que eu constatava. A luz se espalhava por todas as coisas, mas, o seu calor era menor, dando-me a impressão de frescura e amenidade, arrancando do cenário majestoso, que eu presenciava, tonalidades de um rosa pálido e de um azul indefinível. Vi, depois, várias habitações de estilo gracioso, onde predominavam grandes colunatas artisticamente dispostas, decoradas com uma substância para mim desconhecida, que mudava de cor, em lindíssimas nuanças, aos reflexos da luz solar."

Livro Cartas de uma Morta - Psicografia Chico Xavier

Os Espíritos sabem todas as coisas?

"Porque na muita sabedoria há muito enfado; e o que aumenta em conhecimento, aumenta em dor"
Eclesiastes 1:18

Não. Os Espíritos não sabem todas as coisas, eles são as almas dos homens que perderam o corpo físico pelo processo de renovação da vida. A exemplo do que vemos na sociedade em geral, o conhecimento corresponde ao grau de adiantamento moral e intelectual de cada ser.

A entrada no mundo espiritual não é uma garantia de aquisição de qualidades morais e intelectuais, isso é o resultado do esforço individual de cada homen na busca do burilamento de si e do conhecimento do mundo externo e interno.

A sapiência do homem ocorre pelo esforço individual de aquisição do conhecimento aliado á prática do bem comum no qual resultará em sabedoria. Quanto mais o espírito avança no esforço de aquisição de conhecimento moral e intelectual, mais ele vai se afastando de sua zona de ignorância que o mantém preso em sua prórpia natureza.

O conhecimento leva o Espírito a enxergar mais profundamente os liames que ligam os várias aspectos da vida, faz uma anáslie mais acurada sobre as muitas perguntas que pairam sobre a cabeça de todos os seres humanos ainda da escuridão: para onde vamos? De onde viemos? Somente a busca do conhecimento pelo esforço individual, pode dar sólidas bases para as dúvidas internas sobre o destino do ser.

Assim, a vida evolui em todas as suas nuances, inclusive para os Espíritos que moral e intelectualmente, as vezes mais progresso moral que intelectual ou vice-versa, vão adquirindo conhecimentos através de suas várias experiências na matéria, bem como pela continuação da evolução no mundo espiritual.

O saber é um processo, e como tal, também obedece á lei natural, sendo gradativo á medida que o Espírito que o deseja, trabalha e se esforça em seu próprio burilamente. Portanto, os Espíritos não sabem todas as coisas, sabem conforme seu grau de progresso moral e intelectual frente ao majestoso e infinito Universo.

> *"Mergulha a mente, quanto possível, no estudo. O estudo liberta da ignorância e favorece a criatura com o discernimento. O Estudo e o trabalho são as asas que facilitam e evolução do ser. O conhecimento é a mensagem de vida. Não apenas nos educandários podes estudar. A própria vida é um livro aberto, que ensina a quem deseja aprender."*
>
> Vida Feliz – Psicografia de Divaldo Franco pelo Espírito Joana de Ângelis.

Qual a relação entre Espiritismo e a Umbanda?

"E acontecerá nos últimos dias, diz o Senhor, Que derramarei do meu espírito sobre toda a carne; Vossos filhos e vossas filhas profetizarão, Vossos mancebos terão visões, E sonharão vossos anciãos"
Atos 2:17

Ambas são escolas religiosas ou de filosofia espiritualista, que tem por base a prática da caridade como forma de expressão do Lei Divina de amor ao próximo, recurso da evolução espiritual; Nasceram pela influência de Espíritos Superiores que se utilizaram do canal mediúnico como meio de intercâmbio espiritual entre os Espíritos e os homens, porém cada uma delas possui sua história específica e em tempos e lugares diferentes, como veremos abaixo:

Espiritimo

O Espiritismo é uma doutrina que surgiu na França em 1857, nasceu após estudos aprofundados e minuncioso trabalho de investigação desenvolvidos por Allan Kardec, pseudônimo de Hippolyte Léon Denizard Rivail.

Allan Kardec era pedagodo, autor e tradutor de diversas obras dedicadas ao ensino, homem culto, dominava com maestria outras línguas como o Alemão, Inglês, Holandes, Italiano e Espanhol. Através de seu senso crítico e espírito investigativo, dedicou-se aos estudos dos fenômenos das "mesas girantes" que consistia no movimento involuntário de mesas e objetos pesados em torno dos quais reuniam-se várias pessoas.

Tais fenômenos tornaram-se objeto de curiosidade e divertimento para a sociedade européia da época. Porém, Kardec pode concluir que atrás desses fenômenos havia inteligência, esses que foram os espíritos dos "mortos" que viveram na terra. Verificou que esses Espíritos habitam outra dimensão chamada o mundos dos Espíritos e que estes poderiam se comunicar com os seres vivos através de pessoas com certas qualidades específicas a quem denominaria de médiuns.

Após anos de estudos e dedicação ao aprofundamento desses fenômenos iniciaram-se os trabalhos conhecidos como psicografia ou escrita mediúnica, no qual Allan Kardec dedicou-se à estruturação de uma proposta de compreensão da realidade baseada na orientação desses Espíritos que com ele se comunicavam, em suma podemos dizer que assim nasceu o Espiritismo que durante muitos anos ficou conhecido como "Kardecismo" em homenagem ao seu fundador.

Como resultado de seus estudos, Kardec publicou várias obras que servem até hoje como base para a iniciação ao conhecimento da Doutrina Espírita, ele foi um gênio que contribuiu de forma imensa para o avanço do pensamento religioso e para trazer luz aos fenômenos meidúnicos que sempre estiveram no cotidiano da humanidade.

> *"A Ciência tem por missão descobrir as leis da natureza. Ora, sendo essas leis obra de Deus, não podem ser contrárias a religiões que se baseiem na verdade"*
> A Genese - Os milagres e as predições segundo o Espiritismo – Allan Kardec

Umbanda

A Umbanda nasceu no Brasil no dia 16 de Novembro de 1908 com abertura oficial dos trabalhos pelo Caboclo Sete Encruzilhadas, através de sua mensagem inicial:

> *"Aqui inicia-se um novo culto em que os espíritos de pretos velhos africanos, que haviam sido escravos e que desencarnaram não encontram campo de ação nos remanescentes das seitas negras, já deturpadas e dirigidas quase que exclusivamente para os trabalhos de feitiçaria, e os índios nativos da nossa terra, poderão trabalhar em benefícios dos seus irmãos encarnados, qualquer que seja a cor, raça, credo ou posição social. A prática da caridade no sentido do amor fraterno será a característica principal deste culto, que tem base no Evangelho de Jesus e como mestre supremo Cristo".*
> Caboclo Sete Encruzilhadas
> Coletânia Umbanda – A Manifestação do Espírito para a Caridade – Padrino Juruá

As manifestação para o nascimento da religião propriamente Umbandista se iniciaram pela influenciação de Espíritos que iriam atuar nessa nova ordem religiosa, com o jovem de dezessete anos de idade chamado Zélio Fernandino de Moraes, que prestes a servir as

Forças Armadas da Marinha do Brasil, começou a falar em tom manso e sotaque muito diferente daquela região, parecendo que quem falava era um senhor de bastante idade. Logo a família desse jovem pensou que se tratara de algum distútrbio mental, procuraram médicos que nada puderam fazer pois não encontraram a "cura" para os transtornos que o jovem apresentara, foram usados também rituais de exorcismos na esperança de expulsar algum "demônio" que houvera se apossado do jovem. Foi então que o levaram á uma curandeira da região que recebendo o preto velho Tio Antonio, este lhe disse que tinha mediunidade e deveria praticar a caridade.

Na sequência seu pai o levou para a Federação Espírita de Niterói, onde na noite de 15 de Novembro de 1908, manifestaram-se várias entidades ao comando do caboclo Sete Encruzilhadas, que se comunicando com os dirigentes e médiuns daquela noite, foi notificado que a partir daquele momento os espíritos dos negros africanos bem como de índios nativos teriam espaço para se manisfestarem da Seara do Cristo através da exemplificação do amor e caridade ao próximo, e que seria uma religião que falaria aos humildes, simbolizando a igualdade entre todos os irmãos encarnados ou desencarnados.

Nesse interím o próprio Caboclo Sete Encruzilhada estabeleceu as premissa ritualisticas e de funcionamento de uma casa de caridade na linha de Umbanda, deu ordens para saber quais entidades que se manisfestariam, juntamente quais seriam as energias ou Orixás que constituiriam as forças da Umbanda. Nos anos seguintes já ao comando do então médium Zélio Fernandino de Moraes, foram abertos centenas de Centros Espíritas de Umbanda ao redor do Brasil.

Esses centros Espíritas atuantes sob a nova denominação "Umbanda", devem por dogma principal, ditado pelo próprio Caboclo Sete Encruzilhadas, abrigar e praticar a caridade a todos os homens, sem distinção de raça e classe social, é por isso que através dos tempos a religião Umbanda ficou e ainda é conhecida como uma religião Universal que abriga a todas as escolas religiosas e filosóficas em seu seio de amor e caridade.

Atualmente milhares de casas de Umbanda espalham-se pelo Brasil afora e no exterior, cada uma seguindo sua maneira particular de cultos e rotinas dogmáticas, porém, nunca deixando de seguir a principal mensagem de seu Tutor Espíritual:

"A prática da caridade no sentido do amor fraterno será a característica principal deste culto, que tem base no Evangelho de Jesus e como mestre supremo Cristo"
Caboclo Sete Encruzilhadas.

"Como outrora Jesus revelou a Verdade em amor, no seio das religiões bárbaras de há dois mil anos usando a própria vida como espelho do ensinamento que se fizera veículo, cabe agora ao Espiritismo confirmar-lhe o Ministério Divino transfigurando-lhe as lições em serviço de aprimoramento da Humanidade"
Religião dos Espíritos – Psicografia de Francisco Cândido Xavier pelo Espírito Emmanuel.

Quantos tipos de reencarnação há?

"O vento sopra onde quer; ouves-lhe o ruído, mas não sabes de onde vem, nem para onde vai. Assim acontece com aquele que nasceu do Espírito"
João 3:8

Não existe uma categorização absoluta de reencarnações, porém podemos apenas de forma didática considerar que no geral existem três tipos de encarnações, segundo elucidações de Espíritos Superiores:

- Encarnação voluntária
- Encarnação semi-voluntária
- Encarnação compulsória

Encarnação Voluntária

Geralmente são espíritos missionários que vem a Terra em tarefa especial para auxílio no progresso da Humanidade. Eles possuem a liberdade de escolha de suas tarefas, gênero de provas e situações específicas de suas existências.

Temos vários exemplos de Espíritos Missionários que vieram á Terra em vários momentos da história e em todas as partes do globo para auxiliar o progresso da Humanidade, não limitando-se á questões filosóficas e religiosas, mas temos também missionários nas artes, cultura, música, ciências, medicina, tecnologias, etc.

Encarnação Semi-Voluntária

Leva-se em conta o livre arbítrio relativo de que dispõe o Espírito. Mentores do plano superior estudam e auxiliam a programação reencarnatória com vistas ao progresso do candidato á vida material. É em geral a modalidade para as almas que já possuem um certo alcance de visão espiritual e buscam seu próprio aperfeiçoamento, como o aluno que sabe que para seguir seus estudos procura se matricular em algumas disciplinas específicas.

Encarnação Compulsória

É aquela que colhe o Espírito sem prévia concordância dele e até mesmo sem o seu conhecimento. Acontece pela própria falta de equilíbrio espiritual que impede o Espírito de uma análise mais lúcida de sua situação. É uma imposição feita pela Lei Divina para atender a casos cujas recuperação pode exigir longas expiações. Explicam os Espíritos Superiores que a maioria da população terrena reencarnante encontra-se nessa fase.

Não existe um limite de vezes que o Espírito deva reencarnar, bem como em outros mundos mais adiantados vão seguir reencarnando, no moldes daquele mundo, porém para avançar na seara progressiva, é forçoso que o Espírito experimente na matéria, através de novas experiências e novas provações, aquilo que aprendeu no mundo Espiritual. Bem como, o número de vezes que terá que assumir um novo corpo para suas provações vai variar segundo o grau de esforço no processo evolutivo, alguns se esforçam e aprendem mais rápido e outros não se esforçam tanto, lastimando um aprendizado mais demorado.

Podemos oberservar essa conduta nas escolas tradicionais, onde alguns poucos se esforçam além do que lhe é oferecido e obtêm méritos para ingressar em escolas mais avançadas, enquanto outros se esforçam o mínimo necessário e alguns quase nada, porém todos são convidados ao avanço Espiritual pela Misericórdia Divina que oferece oportunidades a todos os seres da criação, indistintamente.

Obviamente há que se entender que a Misericórdia Divina alcança e ampara a todos, porém a sua Justiça também, significando que as circunstâncias de oportunidades vão se modificando conforme a rebeldia e a inércia ao crescimento Espiritual por opção própria, constituindo essa escolha uma falta impeditiva à felicidade plena.

> *"Manoel P. de Miranda assevera que existência física nenhuma se encontra entregue ao azar, distante de carinhosa ajuda e de socorros providenciais. Da mesma forma que a faixa mais larga das reencarnações ocorre através de fenômenos automatistas, numa programática coletiva, esta não se dá sem que os superiores encarregados dos renascimentos, na Terra, tomem conhecimento cuidadoso e ofereçam, através de equivalentes ocorrências programadas, os meios a isso necessários."*
>
> Painés da Obsessão – Divaldo P. Franco pelo Espírito Manoel Philomeno de Miranda.

Quantos tipos de Espíritos há? Há uma hierarquia para classificar os Espíritos?

> *"O que queres conosco, Jesus de Nazaré? Vieste para nos destruir? Sei quem tu és: o Santo de Deus!"*
> Marcos 1:23-27

Há variados tipos de Espíritos no qual dificulta uma denominação como uma classificação absoluta dos Espíritos, porém foi dado por Allan Kardec uma base para uma melhor compreensão e formulação de uma análise mais detalhada sobre o assunto. Portanto, a classificação dos Espíritos fundamenta-se no seu grau de desenvolvimento moral ou intelectual, ou seja, nas qualidades adquiridas e nas imperfeições que o Espírito ainda carrega consigo.

Não é uma classificação absoluta e tampouco apresenta um caráter muito bem definido, a não ser em seu conjunto. Pode-se dizer que de um grau de elevação a outro é imperceptível a transição, pois nos limites como explicam os Espíritos, as diferenças se apagam, por exemplo: é difícil saber exatamente qual é o momento em que acaba o dia e começa a noite, senão pela sensação de maior ou menor luminosidade do sol.

Sendo as classes de Espíritos não absolutas a não ser em seu conjunto, significa que se pode acrescentar ou eliminar classes para uma melhor compreensão ou objeto de análise.

Há que considerar com acuracidade que também no mundo Espiritual há Espíritos com conhecimentos limitados ou ignorantes nas mais variadas escalas e Espíritos com conhecimentos mais abrangentes ou inteligentes nas mais variadas escalas, portanto, a classificação exige uma metodologia, estudo aprofundado e adequado grau de aferição para melhor interpretação do estudo a que se propõe, juntamente deve-se levar em conta que o Espírito progride em sua jornada imortal, portanto, sua classificação em determinada escala é apenas provisória dependentendo de seu grau evolutivo em questões morais e intelectuais.

Os Espíritos admitem, geralmente, três categorias ou três principais divisões para a classificação dos Espíritos: Espíritos Imperfeitos, caracterizados pela predominância da matéria sobre o Espírito e pela propensão ao mal, os Espíritos bons que se caracterizam pela predominância do Espírito sobre a matéria e pelo desejo de praticar o bem e os Espíritos puros que já atingiram o grau supremo de perfeição.

Espíritos Imperfeitos – São os que possuem ainda a predominância da matéria sobre o espírito, são propensos ao mal, seus sentimentos demonstram orgulho, egoísmo inveja e todas as más paixões que possam apresentar, possuem a intuição de Deus, mas não compreendem, há ainda os que não são essencialmente maus, senão levianos, outros são indiferentes em relação ao mal, porém o fato de não fazerem o bem os classificam como espíritos inferiores, podem possuir certo grau de inteligência, porém limitada ao seu grau evolutivo.

Espíritos Bons – são os que não sofrem influência total da matéria, vivem o desejo do bem, suas qualidades e seu poder de fazer o bem estão em razão do grau evolutivo que já atingiram, alguns avançaram nas ciências, outros em sabedoria e bondade, e os mais adiantados aliam o saber à qualidades morais. Compreendem Deus e o infinito da alma imortal, sentem felizes quando fazem o bem e quando impedem o mal, porém ainda devem passar por provas até atingir a perfeição absoluta.

Espíritos Puros – sao os espíritos que já não sofrem nenhuma influência da matéria, possuem superioridade moral e intelectual absoluta, em relação aos Espíritos de outras classificações, gozam da felicidade suprema, são os mensageiros e os ministros de Deus, cuja ordens executam para a manutenção da harmonia universal.

> *"Se te afeiçoas, assim, aos ideais de aprimoramento e progresso, não te afastes do trabalho que renova, do estudo que aperfeiçoa, do perdão que ilumina, do sacrifício que enobrece e da bondade que santifica..."*
> Palavras de Vida Eterna – Francisco Candido Xavier ditado pelo Espírito Emmanuel

Pode-se um Espírito reencarnar em um animal?

"Criou, pois, Deus o homem à sua imagem, à imagem de Deus o criou; homem e mulher os criou"
Gênesis 1: 27

Não, isso seria regressão no processo evolucionista, a Lei Divina é para evolução e nunca de involução.

A reencarnação em animais é uma idéia difundida pela cultura Egípcia e entre outras culturas, especialmente por seus mestres religiosos que á época acreditavam que a alma poderia voltar a habitar no corpo de certos animais.

Essa idéia chamada metempsicose também foi difundida em algumas culturas indígenas ao longo de toda a América Latina. Alguns estudos apontam que a idéia da metempsicose surgiu pelo fato de que colônias de Espíritos com alto grau de evolução em situações de expurgo de faltas cometidas em seus mundos de origem, reencarnaram em nosso planeta, que á época era considerado um mundo primitivo, habitado por uma humanidade bárbara há milênios de anos.

Sendo assim, uma simples análise sobre a real condição desses Espíritos, ou uma instrospecção sobre o que deixaram para trás, visto seu desenvolvimento intelectual muito a frente de sua época, os levariam a concluir que estariam reencarnando em corpos de animais, dada á brutalidade do mundo há milênios atrás.

É uma análise racional do ponto de vista sociológico perfeitamente aceitável, visto que históricamente a humanidade adquiriu saltos evolutivos em períodos específicos, que somente aconteceram pela luz de conhecimentos que trouxeram alguns notáveis indivíduos ou coletividades de homens durante a história da humanidade; podemos citar como exemplo, além do próprio povo Egípcio que trouxeram faraônicas e complexas obras da engenharia nas construções para o Egito antigo, os Maias e Incas que possuiam a astronomia e recursos de agricultara demasiado avançados para para a remota localização de sua cultura, Leonardo Da Vinci, Platão, Sócrates, Mozart e tantos outros que trouxeram profundos conhecimentos para a humanidade em todas as partes do globo e em todas as áreas do conhecimento, sem sombra de dúvida não pertenciam á coletividade de homens comuns deste globo.

> "...*Do ponto de vista físico, o homem constitui evidentemente um anel da cadeia dos seres vivos; mas do ponto de vista moral há solução de continuidade entre o homem e o animal. O homem possui, como sua particularidade, a alma ou Espírito, centelha divina que lhe dá o senso moral e um alcance intelectual que os animais não possuem...*"
>
> O Livro dos Espíritos – III – Metempsicose - Allan Kardec

O que é a lei de causa e efeito?

> "*O qual recompensará cada um segundo as suas obras*"
>
> Romanos 2:6

A lei de causa e efeito está diretamente ligada á lei do amor ao próximo ensinada por Cristo. A causa e efeito diz respeito ás consequências do mau uso do livre arbítrio, no qual todas as ações prejuciais a outrem serão convertidas nessa ou futuras existências em encargos que retornarão penosamente a fim de ajustar o equilíbrio das ações humanas.

Primordialmente, fazemos a comparação em termos ditáticos de análise á terceira Lei de Isaac Newton, a lei de ação e reação que no seu postulado enuncia:

> "*Para toda ação (força) sobre um objeto, em resposta à interação com outro objeto, existirá uma reação (força) de mesmo valor e direção, mas com sentido oposto.*"
>
> Isaac Newton

Em termos materiais essa lei ressalta que todo movimento empregado em um objeto existirá uma força oposta de mesmo valor e direção, vale dizer que em termos morais todo movimento, ação ou atitude em relação aos semelhantes e a outros seres da criação existirá uma força oposta de mesma intensidade e direção.

Sendo assim, buscando uma analogia para o emprego dessa lógica podemos dizer que qualquer atitude contrária á Lei do amor, consequentemente trará sofrimento a quem a praticou, se de alguma sorte alguém intencionalmente alimenta o ódio e procura provocar e a destruição de seu semelhante, inevitavelmente estará existindo a mesma força agindo sobre si mesmo, que o atingirá nessa ou em futuras existências.

A recíproca é verdadeira para o bem também, se emprega movimento de amor ao próximo e desejo de praticar o bem aos seus semelhantes e a todos os seres da criação Divina, a mesma força também estará agindo sobre si, que resultará em bálsamos para as dores da alma, suavizando ou até mesmo dimimuindo pesados encargos do passado.

> *"Quanto mais esclarecida a criatura, tanto mais responsável, entregue naturalmente aos arestos da própria consciência, na Terra ou fora dela, toda vez que se envolve nos espinheiros da culpa."* Emmanuel
>
> Ação e Reação - Psicografia de Francisco Cândido Xavier pelo Espírito André Luiz.

O que é a prece segundo o Espiritismo?

> *"Quando orares, entra no teu quarto, fecha a porta e ora ao teu Pai em segredo; e teu Pai, que vê num lugar oculto, recompensar-te-á"*
>
> Mateus 6:6

A prece é considerada um ato de adoração a Deus, é uma forma de comunicação com o Criador. É um sentimento inato no homem, bem como a noção da existência de Deus, por isso, ela está presente no cotidiano do homem desde os primórdios da humanidade, onde era direcionada aos diversos "deuses" como fator de agradecimento pelos alimentos conseguidos, guerras vencidas e demais atividades cotidianas sem menos importância ou também como meio de pedir algo a esses mesmos "deuses" do panteísmo antigo.

Duante muito tempo acreditou-se que as preces deviam ser feitas apenas por pessoas especiais consideradas "os eleitos dos deuses", no qual as pessoas comuns deviam solicitar a esses eleitos, que os fizessem alguma prece por algo que necessitava ou para agradecer.

O Rabi da Galiléria veio ensinar que a prece é um ato individual de contato direto com o Criador, deve ser um momento de instrospeção, com objetivos distintos, a saber: pedir, agradecer e louvar. Nesse sentido é interessante observar que quanto mais espiritualizado a criatura, mais acentuado serão os degraus de objetivos da prece, ou seja, quanto maior a evolução espiritual do ser, mais louvor e agradecimento ele faz.

A prece possui benefícios diretos, além de tornar melhor o homem, já que Deus envia os bons Espíritos para assistir aqueles que oram com fervor e sinceridade no coração, fazendo-os mais fortes contra as tentações do mal e mais conectado com as leis Divinas.

É um bálsamo para os corações que sofrem ainda as amarguras da inferioridade em que se encontram, é um ato de humildade, obediência e resignação á vontade de Deus. Aquele procura estabelecer um ato diário de orar a Deus, está buscando não desviar da sintonia espiritual que o liga diretamente ao Criador.

> *"A prece deve ser uma expansão íntima da alma para com Deus, um colóquio solitário, uma meditação sempre útil, muitas vezes fecunda. É por excelência o refúgio dos aflitos, dos corações magoados..."*
> O problema do ser, do destino e da dor – Leon Denis

O que o Espiritismo traz como novidade?
> *"Mas aquele Consolador, o Espírito Santo, que o Pai enviará em meu nome, esse vos ensinará todas as coisas, e vos fará lembrar de tudo quanto vos tenho dito"*
> João 14:26

Não podemos dizer que o Espiritimso traz alguma novidade por que os ensinamentos do Cristo seguem atuais em qualquer época da humanidade, porém podemos dizer que o que traz de novo é um aprofundamento aos conceitos ensinados pelo Rabi.

O Mestre nos deixou uma fonte de infinita riqueza em sabedoria e valores morais, no qual busca o Espiritismo trazer a luz da razão, entendimentos a esses ensinamentos.

Revelam-se nova roupagem aos mais variados questionamentos da Humanidade como as leis que regem o Universo e a vida, a complexidade da existência humana, o o sentido da dor e do sofrimento, não que antes já não havia esses questionamentos, porém o inova no esclarecimento da Boa Nova á luz da razão e em conformidade com as Leis Naturais. O Cristo trouxe a revelação da existência do mundo espiritual, basicamente o Espiritismo traz a explicação desse mundo em suas mais variadas nuances.

Traz ainda, uma desmistificação acerca dos fenômenos mediùnicos que acompanham a humanidade desde os primórios, porém, sempre foram tratados em épocas diferentes da história como algo as vezes, sagrado, as vezes demonìaco, as vezes místico ou as vezes charlatanismo. Ele abre o véu que explica esses fenômenos e sua relação com as leis naturais.

Talvez o fator primordial acerca do abordagem no contexto Espírita e que pode ser considerado como novo, é sem dúvidas a sua abordagem racional, onde a fé e a razão não devem ser dissociadas para um completo entendimento das Leis Divinas, uma vez que a Ciência puder provar algum equívoco do Espiritismo, estes devem abondonar imediatamente este conceito e seguir a Ciência, segundo explica Kardec.

Sendo assim, jamais a fé religiosa deve aceitar cegamente qualquer conceito apontado pelo conhecimento Espírita, isso faz com que o Espiritmo seja uma religião que estará sempre á fretne dos avanços científicos, podendo colaborar com a ciência na explicação de vários fenômenos e Leis Naturais obscuras ainda para a humanidade.

Podemos acrescentar que a fé raciocinada, em outras palavras o questionamento racional aos conceitos apresentados pela abordagem espiritualista é o canal pelo qual não apenas o Espiritismo, mas todas as religiões tendem a buscar apoiar seus dogmas e preceitos, o pensamento humano evoluiu, principalmente após a explosão de idéias trazidas pelo contexto revolucionista do século XVIII iniciado na Europa, mudando a forma como pensar o conceito religiosidade, e as novas gerações que virão não aceitarão mais uma religião baseada em crenças metafóricas sem uma explicação lógica e sem fundamentos sólidos, necessário de faz levantar o véu da ignorância que arrasta a humanidade á quase dois mil anos.

Nunca os ensinamentos do Mestre estiveram tão presentes e atuais, a falange de Espíritos em todas as partes no mundo e em todas as escolas religiosas trazem o mesmo preceito e a mesma abordagem para aproximar o homem da luz através de sua própria espiritualização, é o inicio de um patamar de evolução condizente com a realidade do mundo atual.

"Respeitamos, Senhor, todos os templos que te reverenciam o nome e todos os poderes religiosos que te dignificam no mundo, mas temos sede das tuas palavras de vida eterna, escoimadas de qualquer suplementação." – Emmanuel

Palavras de Vida Eterna – Francisco Candido Xavier ditado pelo Espírito Emmanuel

O que é o Umbral?

"Lançai, pois, o servo inútil nas trevas exteriores; ali haverá pranto e ranger de dentes"
Mateus 25:30

O Umbral é a zona destinada aos Espíritos sofredores e aos que se comprazem no mal, como uma forma de reajustamento as leis divinas.

Funciona como uma região destinada ao esgotamento de resíduos mentais, onde se queima gradativamente o material deteriorado das ilusões adquiridas ao longo da existência que menosprezou as dádivas Divinas.

Concentra-se nessa região tudo o que não tem por finalidade a vida superior como o ódio, a vingança, inveja, orgulho, vaidade, etc. Os homens que durante sua vida se intoxicaram com esses sentimentos encontram-se depois da morte do corpo físico embebidos nestes mesmos sentimentos que os impregna após a separação do corpo e da alma.

Pela lei de afinidade universal, semelhante atrai semelhante, nada mais natural se esses individuos forem de encontro aqueles que comungam dos mesmo sentimentos, nisso moldando através da ação do pensamento o ambiente repleto das emanações espirituais densas destes Espíritos desequilibrados.

Nota-se que o Umbral não é uma região exclusiva de Espíritos desencarnados e desequilibrados, isso significa que mesmo encarnado, as almas vão a essas zonas em busca de prazeres e paixões inferiores durante o sono, novamente pela similaridade da sintonia de suas emoções; sentimentos menos nobres atrai outros que pulsam na mesma faixa vibratória.

É assim que muitos eternizam seus sofrimentos e dores na alma por prolongarem sua estadia antes mesmo da morte do corpo, nessas zonas nefastas, assim, pessoas com graves problemas de dependências dos mais variados tipos: alcool, drogas, sexo, dinheiro, etc, além dos angustiados e depressivos, encontram pela faixa vibratória de seu Espírito, um ambiente onde vão em busca de outros semelhantes que estão na mesma forma de desequilíbrio mental e emocional.

Uma vez saturado esses resíduos a criatura começa a enxergar dentro de si o homem que necessita da ajuda Divina, dessa maneira os abnegados do Cristo passam a ter acesso e a poder auxiliar esses irmãos que se demoraram pelo caminho obscuro do orgulho e da vaidade.

> *"Lá vivem, agrupam-se, os revoltados de toda espécie... Pois o Umbral está repleto de desesperados. Por não encontrarem o Senhor à disposição de seus caprichos, ..., essas criaturas se revelam e demoram em mesquinhas edificações"* - André Luiz
>
> Nosso Lar – Francisco Candido Xavier ditado pelo Espírito André Luiz

O que são Colônias Espirituais?

"Na casa de meu Pai há muitas moradas"
João 14:2

A questão numero 234 do Livro dos Espíritos trata desta temática, onde Allan Kardec indaga se existem mundos que servem de estações ou pontos de repouso aos Espíritos errantes, no qual os Espíritos respondem que sim, há mundos particularmente destinados aos seres errantes, que podem servir de habitação temporária, ou como uma espécie de campos de repouso para erraticidades muito longas.

São posições intermediárias entre os outros mundos, graduados segundo a natureza dos Espíritos que podem atingi-los e que neles desfrutam maior ou menor bem estar.

Portanto, Colônias Espirituais são postos de atendimentos idealizadas por Espíritos abnegados do Cristo, que estabelecem as Colônias Espirituais com o objetivo de servir de auxílio aos Espíritos errantes.

Muitos chegam nesses postos de atendimento, ainda sentindo a sensação de todos os sintomas que tinham em suas enfermidades enquanto encarnados, o perispírito carrega a impressão que a mente desequilibrada lhes impõe. Esses Espíritos necessitam de cuidados especiais e repouso para recuperação de suas energias.

Outros estão em estado de convalescença, ou seja, já estão despertos para sua realidade espiritual, porém precisam resguardar suas energias para poder continuar sua jornada nas várias escolas no qual é chamado a aprender.

Porém não apenas isso, algumas servem como centros de estudos e desenvolvimento, nem todas as colônias são destinadas apenas á questões socorristas, há verdadeiros centros de estudos e pesquisas nas mais variadas áreas do conhecimento, com vistas ao desenvolvimento do progresso da humanidade.

Muitas pesquisas nas áreas medicinais, científicas, psicológicas, etc, ocorrem nesses laboratórios do mundo invisível no qual são inspirados o desenvolvimento dessas pesquisas no mundo material.

Basicamente podemos dizer que é quase infinito os objetivos a que se destinam as colônias Espirituais, são muitos campos de atuação que visam sempre o cumprimento dos designios de Deus, ou seja, auxiliar o progresso e a evolução da criatura.

> *"Considerando a densidade das multidões de espíritos desencarnados, desvalidos de orientações, vítimas de paixões acalentadas por eles próprios, analfabetos da alma, desvairados pelos sentimentos possessivos, portadores de enfermidades e conflitos que eles mesmos atraem e alimentam, espíritos imaturos e desinformados, de todas as procedências, é necessário que o lar de afinidades, o templo da fé, a escola e a predicação, a prece e o reconforto, o diálogo e a instrução, o hospital e a assistência, o socorro e os tratamentos de segregação, funcionem, nas comunidades do Mais Além, com extremada compreensão de quantos lhes esposam tarefas salvadoras".*
> Cidade no Além – Francisco Candido Xavier/Heigorina Cunha ditato pelos Espíritos André Luiz e Lucius

Qual o papel do pensamento segundo o Espiritismo e sua influência em nossa vida?

> *"Pois onde estiver o seu tesouro, aí também estará o seu coração"*
> Mateus 6:21

Segundo o Espiritismo o pensamento é uma manifestação do Espírito através de seu livre arbítrio. Quando pensamos, emitimos uma energia que se materializa e ganha o espaço por meio do fluído cósmico universal, no qual está embebido todos os seres da criação.

Uma vez exteriorizado, pode ser captado por outro Espírito encarnado ou desencarnado, porém aos desencarnados existe uma maior facilidade de captação dos pensamentos pela inexistência da matéria como barreira á percepção.

O pensamento é força potente e criadora, basta pensar numa coisa para que tal coisa se produza, segundo Kardec, sendo assim, cada emoção sentida é resultado de um pensamento direcionado, vale dizer, sentimos aquilo que pensamos e concomitantemente pensamos aquilo que sentimos, pensamento e vontade são forças criadoras de nossa realidade, que além de sintonizar-mos com outros Espíritos que vibram na mesma faixa de pensamentos, cria ao mesmo tempo a matéria mental que resultará em nossa própria realidade.

É por isso que para as almas infelizes que caem na transitorieriedade do sofrimento, aparentemente sentem a sensação da eternidade de suas dores, porque estão intoxicadas por seu próprio pensamento auto destrutivo, diz-se embebidas de matéria mental tóxica.

Focar a mente em pensamentos mais elevados, de auxílio, fraternidade e amor ao próximo representa a busca do equilíbrio espiritual e ascensão a Deus, da mesma forma muitos espiritos enfileiram extensas carreiras nas ordas de sofredores tanto no mundo espiritual como na Terra, pelo fato de conservarem-se imersos em pensamento deletérios, auto destrutivos, como por exemplo, sentimento de avareza que pode gerar grandes quantidades de matéria mental deletéria pelo medo que o Espírito possui de perder suas posses financeiras, consequentemente, carregando para o além túmulo a mesma onda de preocupações, dessa forma, eternizando em sua mente a enfermidade espiritual, ou o apego á matéria, cujo sentido é viver em baixa vibração espiritual, obviamente sintonizando com Espíritos semelhantes em escala evolutiva.

O pensamento é força criadora poderosa, capaz de moldar a nossa própria realidade, na frase atribuida a Sidarta Gautama, o Buda "Somos o resultado do que pensamos", está em nossos pensamentos toda a criação de nossa realidade, podemos dizer, que nosso céu e nosso inferno está em relação ao que criamos quase que de forma autônoma, onde nos escravizamos em algemas de orgulho, apego e egoísmo, pelo fato de condensarmos em nosso campo mental, forças deletéreas ou forças edificantes, em consonância com o que estivermos sintonizados ou conforme nosso desejo de melhoramento ou inércia frente ao progresso espiritual no qual é exteriorizado por nosso livre arbítrio.

Quando o Rabi anunciou "vigiar e orar" fazia referência também a esse preceito. Vigiar nossos pensamentos para que não sejamos pegos desavisados em meio ao turbilhão de formas pensamentos que constantemente estamos imersos e seguramente a maior parte deles ainda não correspondem as esferas mais ilumidas de ascensão espiritual como fraternidade e paz entre os homens, justificando dessa forma a elevação do padrão de vibração mental do homem aliado á busca da reforma íntima para a auto iluminação.

> *"O nosso pensamento cria a vida que procuramos, através do reflexo de nós mesmo, até que nos identifiquemos um dia, no curso dos milênios, com a Sabedoria infinita e o Infinito amor, que constituem o Pensamento e a Vida de Nosso Pai".*
>
> Pensamento e Vida – Francisco Cândido Xavier ditado pelo Espírito Emmanuel

É possível encontrar entre as reencarnações uma pessoa que amamos no passado?

> *"Portanto deixará o homem o seu pai e a sua mãe, e apegar-se-á à sua mulher, e serão ambos uma carne"*
> Gênesis 2: 24

Perfeitamente. Explicanos Kardec no Evangelho Segundo o Espiritismo, que os laços de família são fortalecidos pela reencarnação, ou seja, os Espíritos que possuem verdadeira afeição mútua, são felizes por estarem juntos e procuram-se pelos laços de simpatia e afinidade que formam entre eles.

Podem programar, se permitido por seus méritos no bem, reencarnar de forma a se reunirem na mesma família, formarem uma nova família ou estarem no mesmo círculo próximas de alguma outra forma, lembrando que o Espírito fora da matéria enxerga as oportunidades do Espírito imortal que se desenrola a sua frente, fazendo-os estampar o futuro para o progresso que os espera no caminho da perfeição.

Obviamente, nota-se que podemos direcionar a questão para uma proposta de análise conceitual do ponto de vista afetivo entre duas almas, onde os afins re-unem para uma nova jornada juntos.

A análise conceitual permanece a mesma, a lei de sintonia de pensamentos e afinidade de sentimentos aproxima aqueles se se amam e fundamentam seu compromisso no progresso mútuo, não pelo amor carnal, carregado de ilusões da matéria, cheio de conflitos e confusões entre felicidades momentâneas e sentimentos menos dígnos, mas o amor infinito, descrito na carta do Apóstolo Paulo aos Corintios, o amor que *"Tudo sofre, tudo crê, tudo espera, tudo suporta"* 1 Corintios 13:7, ou seja, o amor de Espírito para Espírito, aquele que permanece mesmo depois da morte do corpo físico, onde interrupções momentâneas não fazem diminuir o sentimento mútuo.

Por fim, explica-nos Kardec, que somente são duráveis as afeições verdadeiramente espirituais que permanecem além da morte do corpo físico, os laços carnais de interesse apenas momentâneos se extinguem logo após o cessar da vida, já que nada concreto os unia.

Outro ponto de vista muito importante a considerar é colocar em evidência a complexidade da natureza humana. Uma família que pode ser considerada feliz, consituída de almas que se amam e se auxiliam mutuamente, e que buscam a felicidade de todos, obviamente que não é o resultado de uma união afetiva de apenas uma ou algumas reencarnações, muito pelo contrário, diga-se que seriam talvez o resultado de centenas de reencarnações se reunindo, esperando, se separando e ajuntando novamente, sofrendo e acima de tudo se amando, enfim experimentando novas provações e auxiliando um ao outro ao crescimento e progresso, neste caso sendo esses tipos de almas muito mais raros de serem encontrados.

O que existe no imaginário popular são as fantasias de relacionamentos felizes baseados apenas em momentos de felicidades e prazeres ilusórios, camuflando as realidades diráias de lutas, sofrimentos, diferenças e superação dos quais somente um amor puro, fora dos padrões apenas materiais poderiam concorrer para uma felicidade plena.

Nota-se que muitas almas que planejam se juntarem em famílias afins com o objetivo de se reconciliarem são antigos inimigos que já entendem e pedem a transformação do antigo ódio em abnegação e amor, são algozes e vítimas em busca do reequilíbrio perdido ao longo de inúmeras encarnações onde falharam em suas ações de humanidade, e no qual a Misericórdia Divina, concede acesso pelas portas da reencarnação aos mais sublimes laços de reaproximação que somente a família pode oferecer.

Assim, é concedido do alto, o reencontro de almas afins, com o propósito maior de receber no seio desses casais que se amam, rebentos sedentos de amor, ainda escravizados em sua própria ignorância, mas que uma pontinha de luz imersa em seus corações cristalizados de ódio é o necessário para o desabrochar do ser imortal que habita a cada um.

> *"A família consangüínea é a lavoura de luz da alma, dentro da qual triunfam somente aqueles que se revestem de paciência, renúncia e boa vontade. De quando a quando, o amor nos congrega, em pleno campo da vida, regenerando-nos a sementeira do destino"* Emmanuel
>
> Família – Francisco Candido Xavier ditato Espíritos Diversos

As pessoas já nascem com um caminho traçado na vida?

> *"Porfiai por entrar pela porta estreita; porque eu vos digo que muitos procurarão entrar, e não poderão"*
> Lucas 13: 24

A vida segue um fluxo evolutivo em direção á Deus, o homem é criado simples e ignorante, ao longo de sua evolução em determinado momento de lucidez espiritual recebe de Deus o dom do livre arbítrio, dando-lhes a faculdade de eleger o seu próprio destino, significa que a partir desse ponto o homem avança conforme seus prórprios esforços na senda evolutiva ou estaciona por sua própria inércia.

Sendo assim, quanto mais espiritualizado se encontra o homem, com mais propriedade planeja seus ciclos reencarnatórios com o auxílio dos Espíritos Superiores, nesse sentido, não mais figurando as grandes massas de seres encarnados que ainda necessitam da reencarnação compulsória, onde por conta de sua evolução Espiritual pouco esclarecedora, não possuem total lucidez para análise da situação espiritual em que se encontram.

Basicamente, no mundo espiritual, livre da ilusão da matéria, e com um profundo desejo de avançar no progresso espiritual visto o reconhecimento real das necessidades de burilamento da alma, escolhe o Espírito provas condizentes com sua capacidade de aceitação e necessárias ao seu adiantamento, porém, depois que ingressa no vaso da matéria, esquece dos compromissos assumidos e da promessa de aperfeiçoamento, confuso pelas realizações imediatas que o mundo oferece, limitando-se a questionar a justiça de Deus ao invés de questionar a si mesmo, finalmente entrega-se á impaciência e ao desespero pelas dificuldades que a luta oferece ao rebaixamento natural de seu orgulho e egoísmo.

E assim que muitas almas aparentemente boas falham em sua missão, pela falta de foco em propósitos mais nobres.

> *"Rogaram a "porta estreita" e receberam-na, entretanto, recuaram no instante do serviço justo. E porque se acomodaram muito bem nas "portas largas", volvem a integrar as fileiras ansiosas daqueles que procuram entrar, de novo, e não conseguem".*
>
> Vinha de Luz - Francisco Cândido Xavier ditado pelo Espírito Emmanuel

O que é o livre arbítrio segundo a visão da Doutrina Espírita?

"Tudo me é permitido, mas nem tudo convém. Tudo me é permitido, mas eu não deixarei que nada domine"
1 Corintios 6: 12

A visão Espírita para o livre arbítrio se resume em dizer que o homem possui a decisão sobre todos os acontecimentos que lhe ocorrem, assim o destino não lhe traz nenhuma fatalidade. Se colocado em situação onde as circunstâncias lhe provocam praticar o mal, por prova ou expiação, ele sempre terá a decisão de agir ou não.

Assim, o livre arbítrio está na escolha que fez enquanto no mundo Espiritual, para eligir o tipo de prova que poderá elevar seu padrão moral, e na vida material pela faculdade de ceder ou resistir ao arrastamento de suas fraquezas morais.

Sempre irá depender de sua educação no bem adquirir os mecanismos adequados para combater as más tendências, assim como se adquire inteligência pela instrução regular e prática cotidiana, também adquire-se resistência moral pela instrução dos sentimenos através da busca do conhecimento de si mesmo e das leis naturais, ou leis Divinas.

O livre arbítrio está na condição de patrimônio do homem imortal adquirido ao longo de sua jornada espiritual, e a humanidade da Terra podemos dizer que está apenas começando a fazer uso desse patrimônio, daí resultando ainda muitas divergências acerca de tantos sofrimentos causados pelo homem.

Nas palavras do apóstolo Paulo aos romanos "a cada um segundo sua obra", o lívre arbítrio condiciona as decisões do homem não somente á fatos que afetam a si, mas toda a humanidade que está interligada e interconectadas em pensamentos e emoções, logo, inexistindo ação isolada sem um consequente retorno de energias que foram criadas e canalizadas para o próximo mas que na verdade, o próprio Espírito é o dínamo criador de si mesmo, condensando energias que infalivelmente retornam ao ponto de origem pela ação natural da matéria em movimento.

> *"Livre-arbítrio é [...] a liberdade de fazer, ou não fazer, de seguir tal ou tal caminho, para o seu adiantamento, o que é um dos atributos essenciais do Espírito"* Allan Kardec
> Obras póstumas, cap. III, Criação, item 16 – Allan Kardec

Qual a visão Espírita sobre o autismo?

> *"porque será exercido juízo sem misericórdia sobre quem não foi misericordioso. A misericórdia triunfa sobre o juízo"*
> Tiago 2: 13

Algumas almas durante sua estadia reencarnatória, acabam por cair nas obscuridades de seus desvarios em completa desconformidade com as Leis Divinas, inflingem aos seus semelhantes sofrimentos e penosas dores, logo ao retorno á Patria Espiritual, após longos períodos de sofrimentos e afastamento de qualquer responsabilidde por seus atos, se reconhecem em pesados encargos que avultam demasiado para seguir em sua jornada.

Explicam os Espíritos Superiores que o retorno á matéria, é o canal de ajuste para essas almas oneradas com a Lei, o encarceramento provisório é o singelo recurso que a Misericórdia Divina oferece ao reajustamento dessas pobres criatuas perdidas em sua própria consciência culposa de seus atos.

> *"E a única terapêutica de semelhantes doentes é a volta ao berço de sombras em que, através da reencarnação redentora, surgem no vaso físico, - cela preciosa de tratamento – na condição de crianças-problemas em dolorosas perturbações.*
> Emmanuel

Para a visão Espírita, o autismo se encontra nestes casos de Espíritos que se recusam a reencarnar, podendo ocorrer a reencarnação de maneira compulsória, onde a entidade espiritual, quer por motivos ou conflitos internos, quer por receio de não suportar as provações, tentam evitar a reencarnação, procurando por si próprio provocar o aborto.

O insucesso de sua empreitada pré-nascituro irá deixar lesões no perispirito refletindo no corpo físico na região cerebral, buscando anular os mecasnismos de comunicação com o novo mundo que o espera.

Portanto, para o austista, o isolamento em si mesmo é a solução provisória que essa entidade encontra ante as provações de que está sujeito, assim a mente conturbada pelos equívocos do passado, que não suporta o peso de suas provações e não quer enfrentar sua realidade espiritual, de forma peremptória condiciona o corpo físico a nulidade dos atributos da razão, quanto menor sua interação ao mundo, mais acertada foi sua empreitada de fuga da realidade.

Nesse interim, o papel dos pais é fundamental para ajudar a construir uma ponte para que o reencarnante possa despertar para o mundo, sem sombra de dúvida que a dedicação dos pais, especialmente a mãe de uma criança autista, é o santo remédio que pode levar o Espírito ao seu caminho de redenção através do amor, paciência e dedicação.

> *Todos vós, desse modo, que recebestes no lar, anjos tristes, no eclipse da razão, conchegai-os com paciência e ternura, porquanto são, quase sempre, laços enfermos de nosso próprio passado, inteligências que decerto auxiliamos irrefletidamente a perder e que, hoje, retornam à concha de nossos braços, esmo-*

lando entendimento e carinho, para que se refaçam, na clausura da inibição e idiotia, para a benção da liberdade e para a glória da luz"
Religião dos Espíritos – Psicografia de Francisco Cândido Xavier pelo Espírito Emmanuel

A Doutrina Espírita faz menção sobre a doação de orgãos? É aceitável?

"Porque os vivos sabem que hão de morrer, mas os mortos não sabem coisa nenhuma, nem tampouco terão eles recompensa, mas a sua memória fica entregue ao esquecimento"
Eclesiastes 9: 5

A doutrina Espírita não faz menção sobre a doação de orgãos, visto que á época de Kardec não se cogitava essa possbilidade, porém afirma o codificador no Livro dos Espíritos no Capítulo VII – A Ciência e o Espiritismo, que as descobertas das ciências são louváveis e apreciadas pelo Espiritismo.

"Não somos dos que levantam a voz contra os sábios, pois não queremos dar motivo a nos chamarem de estouvados; temo-los, pelo contrário, em grande estima e ficaríamos muito honrados se fôssemos contados entre eles"
– Allan Kardec.

Portanto, os pensadores modernos do Espiritismo aprovam a doação de orgãos como forma de caridade pelo doador e oportunidade de re-pensar a benção da vida ao receptor.

Entendem que os avanços cientìficos muito podem contribuir para compreensão dos vários sofrimentos morais que afligem o homem, e a doação de orgãos é um auxílio á preservação da vida, é um recurso que tem muito por avançar em descobertas científicas, além do que já tem apresentado em melhoria da condição de saúde de quem necessita desse recurso, em seu estado da arte podemos afirmar que ciência também é Ministério Divino na Sagrado seara evolutiva.

"Quando surge um fato novo, que não se enquadra em nenhuma Ciência conhecida, o sábio, para o estu-

> *dar, deve fazer abstração de sua ciência e dizer a si mesmo que se trata de um estudo novo, que não pode ser feito através de idéias preconcebidas"*
> O Livro dos Espíritos – Ciência e Espiritismo – Allan Kardec

Para a Doutrina Espírita a cremação tem alguma influência no desligamento da alma do corpo?

> *"Segue-me, e deixa os mortos sepultar os seus mortos"*
> Mateus 8: 22

A cessação da vida orgânica não significa necessariamente desligamento automático da alma, a morte é um fenômeno natural, e como tal, existe um tempo para se concluir esse processo. O tempo considerado é o necessário para que a alma se desligue por completo do corpo inerte, que pode durar até 72 horas, segundo Espíritos Superiores informam.

O fluído perispiritual se desprende dos orgãos pouco a pouco, enquanto não se termina esse desligamento, o Espírito segue ligado ao corpo e consequentemente experimentando sensações devido aos pontos de contacto ainda existentes entre o corpo e o perispírito.

Obviamente, faz-se aqui um adendo, quanto menos espiritualizado a alma, mais penoso se torna o desligamento, muitas almas no momento próximo de sua partida, experimentam uma sensação mais acentudada de apego á matéria, oriundos de sua educação pouco esclarecida sobre a vida Espiritual, e o afastamento de seu corpo representa em sua mente cristalizada o início do nada, e o vazio que temem encontrar os apavora, por isso a luta consciencial para evitar o afastamento daquilo que serviu para sua manifestaçao em vida.

Portanto, a cremação é aceitável, mas deve-se manter uma certa sensibilliade á memória do morto, dá-lhe o tempo necessário para sua consciência situar-lhe á sua nova fase experimental, é caridade para os que retornam á Pàtria Espiritual.

> *"...de certo modo, existem sempre muitos ecos de sensibilidade entre o Espírito desencarnado e o corpo onde se extinguiu o "tônus vital", nas primeiras horas seqüentes ao desenlace, em vista dos fluídos orgâni-*

cos que ainda solicitam a alma para as sensações da existência material" – Emmanuel

O CONSOLADOR - Espírito: EMMANUEL Médium: FRANCISCO CÂNDIDO XAVIER

Por que algumas pessoas dizem que tem a impressão de que as provações que suportam são excessivas?

"O qual recompensará cada um segundo as suas obras"

Romanos 2: 6

Julgar provações excessivas para si, seria questionar a Justiça Divina, havendo Deus que ordenar uma graduação diferenciada a cada alma por suas faltas e virtudes, não estabelecendo equitativamente a porção adequada de tudo aquilo que se plantou.

Nos tornamos cegos dentro de nosso orgulho ao analisar o tamanho de nosso fardo, sem antes analisar o tamanho de nossas más tendências, de nossa vaidade e de nossa falta de resignação para com a Misericórdia Divina. Deus é soberanamente justo e bom, inquestionável essa prerrogativa, evidente que a alternativa a tomar análise é nossa inteira responsabilidade sobre os acontecimentos que nos cercam.

Ensinam os Espíritos Superiores que a alma, solicita ao reencarnar, seja concedida oportunidade de reencontro com os desafetos, com os inimigos do passado, para transformar o antigo ódio em amor fraternal, que seja dada condições de valorização da vida ante dificuldades que antes não enxergavamos junto aos que necessitavam ajuda e por nós eram almas desprezadas e humilhadas.

Explicam ainda que para os tipos de provações em uma nova existência, participamos ativamente na escolha de cada uma, e que muitas vezes, necessitam eliminar diversas oportunidades de provações, visto que apenas sob nosso ponto de vista em querer recuperar o tempo perdido, estaríamos contrariando um fardo incompatível ás nossas necessidades de aperfeiçoamento; o plano reencarnatório é um rigoroso e elaborado processo de ação dentro dos mecanismos de redenção da alma.

Portanto, voltando a reafirmar a frase do Apóstolo Paulo á igreja dos Romanos " a cada um segundo suas obras" – (Romanos 2:6), a própria lamentação já é indício de que a alma não reconhece a benção da oportunidade que está recebendo pela Misericórdia Divina, ou seja, o orgulho ainda evidente de sua natureza, faz que se julgue uma vítima de todas as injustiças, contrariando a Lei Divina do amor e progresso.

Se o fardo parece pesado, fruto de consequências passadas, há que considerar que não é a única pessoa no mundo com tamanha impressão, há muitos outros irmãos que padecem sofrimentos muito piores, e que esperam uma única palavra de reconforto e esperança, nessa hora talvez como bálsamo para o próprio sofrimento lembremos a orientação do Apóstolo Simão Pedro, que reconhecendo a máxima expressão dos ensinamentos do Rabi da Galiléia, entendeu que é preciso praticar a caridade em sua forma mais nobre de expressão " Mas, sobretudo, tende ardente amor uns para com os outros; porque o amor cobrirá a multidão de pecados" (Pedro 1: 4).

Portanto, estendendo a mão e erguendo irmãos em profundo desespero e angústia, é o caminho mais seguro para que possamos aliviar a impressão do pesado fardo que carregamos, uma vez que ao deixar de focar as forças e os pensamentos em nossas fraquezes e sofrimentos, possamos olhar para o lado e enxergar tantos irmãos que pedem algum tipo de auxílio, uma palavra de conforto, um sorriso de esperança, enfim, para fazer a caridade não é necessário grandes recursos, apenas a ação da vontade.

> *"Aceitemos os problemas e as inquietações que a Terra nos impõe agora, atendendo aos nossos próprios desejos, na planificação que ontem organizamos, fora do corpo denso, e tenhamos cautela com o modo de nossa movimentação no campo das próprias tarefas, porque, conforme as nossas diretrizes de hoje, na preparação do futuro, a vida nos oferecerá amanhã paz ou luta, felicidade ou provação, luz ou treva, bem ou mal"* – Emmanuel
>
> Nascer e Renascer - Espírito: EMMANUEL Médium: FRANCISCO CÂNDIDO XAVIER

Por que algumas pessoas dizem ter visões onde aparece uma ou mais pessoas estranha a ela?

> *"se entre vós houver profeta, eu, o Senhor, em visão a ele me farei conhecer, ou em sonhos falarei com ele"*
> Números 12: 6

Visões fazem parte de alguns dos fenômenos de emancipação da alma, assim como os casos de sonhos e sonambulismos, onde a alma mais liberta da matéria por uma característica específica do organismo, recebe impressões do mundo Espiritual.

As visões fazem parte dos estados de emancipação da alma que lhe permite a capacidade de enxergar pessoas ou objetos de natureza espiritual, ou seja, podem ver pessoas, objetos, plantas, animais, enfim tudo o que se descortina frente a seus olhos oriundos da fonte originária espiritual.

É por isso que também possuem visões de pessoas estranhas ou que não tem nehuma relação de afetividade ou social com ela, ou também pode ser o caso de a pessoa estranha que aparece na visão ser alguém relacionado a seu passado reencarnatório, e que no momento, encarnada na matéria não consegue se recordar devido ao esquecimento natural desse processo. Nota-se que as possibildades de visões e os objetivos para tal podem são muitos e variados, as relações se estendem ao infinito e toda a humanidade constitui a coletividade do orbe terrestre, sendo assim, não é estranho sonhar ou ter visões com pessoas que aparentemente não conhecemos, o mais correto seria dizer, pessoas que no momento não recordamos.

> *"Não tendes numerosos exemplos de pessoas que aparecem em sonhos para advertir parentes e amigos do que lhes está acontecendo? O que são essas aparições senão a alma ou o Espírito dessas pessoas que se comunicam com a vossa?"*
> O Livro dos Espíritos – Allan Kardec – O sono e os Sonhos

Por que algumas pessoas apresentam uma espécie de sexto sentido, sabem de coisas antes mesmo delas acontecerem?

> *"Então o anjo do Senhor lhe apareceu, e lhe disse: O Senhor é contigo, homem valoroso"*
> Juízes 6: 12

Entre muitos fenômenos mediunicos, destaca-se também o da premonição, que seria também uma das formas de emancipação da alma que em contato com o mundo Espiritual recebe impressões junto a outros Espíritos que livres da matéria se comunicam. O sexto sentido neste caso, nada mais é do que a lembrança de alguma forma de comunicação verbal ou visual que fora transmitida á pessoa encarnada, por Espíritos amigos.

Relatam-se muitos casos de premonições onde pessoas antecipam visões de tragédias iminentes e no curso conseguem desviar-se do ocorrido, pessoas que resolvem de última hora alterar sua rotina por que presentem ou podem ter uma certeza absoluta de que algo va a se passar em instantes e logo mais o fato se concretiza, outras que alertam seus entes queridos sobre fatos que vão ocorrer e de fato ocorrem.

São diversas situações onde o fenômeno se torna concreto, como já mencionado neste trabalho, esse canal onde as comunicações com o mundo Espiritual são fatos corriqueiros, fazem parte do projeto de evolução da humanidade, sempre esteve presente na vida cotidiana do homem, auxiliando ou até mesmo alterando o curso de acontecimentos.

A medida que a humanidade evolui, vai descortinando o véu da ignorância, aumentando sua capacidade de entendimento e assimilação de fatos até então obscuros. Alguns séculos atrás condenávamos tais fenômenos mediùnicos por falta de conhecimento e que consequentemente causavam medo nas pessoas, porém, hoje o Espiristismo através de sua lógica racional nos esclarece a fenomenologia mediùnica, em especial a muitas situações que antes eram tidos como extraordinários, bruxarias, feitiçarias ou outros nomes para designar tais fenômenos e somente praticados por pessoas especiais.

Explicando o fenômeno, como se passa hoje no advento do Espiritismo, deixa de ser extraordinário e passa a ser entendido como algo comum ou natural, trazendo luz e esclarecimento ao homem.

> *"Sabei que, quando o corpo repousa, o Espírito dispõe de mais faculdades que no estado de vigília. Tem a lembrança do passado e, às vezes, a previsão do futuro; adquire mais poder e pode entrar em comunicação com os outros espíritos, seja deste mundo, seja de outro"*
> O Livro dos Espíritos – Allan Kardec – O sono e os Sonhos

Quais os cuidados que o médium que fracassou com seus deveres normalmente tem, quando retorna ao plano espiritual?

"Lançai, pois, o servo inútil nas trevas exteriores; ali haverá pranto e ranger de dentes"
Mateus 25: 30

A mediunidade é o recurso sagrado concedido por Deus, para que o homem possa auxiliar o próprio homem na ascensão espiritual, serve com duplo propósito: auxiliar os irmãos perdidos e necessitados bem como atenuar os pesados débitos contraídos no decurso da longa jornada imortal.

Pede o candidato reencarnante no plano Espiritual a oportunidade de trabalhar na Seara no Cristo, para resgate de dívidas ou para sua própria redenção, utilizando a mediunidade ostensiva como mecanismo eficaz para de atenuar o pesado ônus a que se submeteu voluntariamente.

O mau uso dessa ferramenta sagrada de evolução causa ao Espírito infindáveis dores tendo em vista a oportunidade perdida de crescimento e esclarecimento. Por sua inércia, o regresso ao mundo Espiritual representa o distanciamento da própria felicidade, onde novamente presencia seus entes queridos mais ditantes ainda na escala evolutiva, e isso os causa sofrimento.

A obscuridade exposta de seu coração, os pensamentos cristalizados em seu perispírito oriundo de suas más ações, em relação ao indevido uso não apenas da ferramenta Divina de redenção, mas pelo tempo empregado e recursos desperdiçados, traz em si a consciência embebida em culpas e remorsos dolorosos.

O trabalhador que não cumpre adequadamente o serviço que lhe é confiado, naturalmente é considerado inapto á receber algum benefício que a empreitada pode lhe conceder, no mundo Espiritual não é diferente, o médium que fracassou, o fez por seu livre arbítrio, escolhendo a inércia ou o caminho mais condizente com as ilusões do mundo, nesse sentido, o incapacitando a perceber a luz do Espírito imortal, rebaixando sua conduta á escuridão de sua própria consciência.

Experimenta o médium que fracassou, todas as amarguras que seu estado estacionário pode causar, até que novo despertar de sua consciência o convida a outra etapa de renovação, seguramente não nas mesmas caracteristicas de provas que teve, talvez em mais rudes condições, porém, sempre é dado oportunidade de recomeço, Deus jamais abandona qualquer de suas criaturas.

> *"O servidor que haja inutilizado deliberadamente as peças do arado que lhe requer devoção e suor gastará tempo em adquirir instrumento análogo com que possa atender à orientação que o dirige"*
> Nascer e Renascer - Espírito: EMMANUEL Médium: FRANCISCO CÂNDIDO XAVIER

O que são caboclos, pretos-velhos, etc, sob a ótica espírita?

> *"Ora, há diversidade de dons, mas o Espírito é o mesmo"*
> 1 Corintios 12: 4

Os Espíritos formam o mundo dos Espíritos, sob essa ótica, pode-se dizer que possuem características ou formas que podem usar para se comunicar com os seres encarnados. O Espírito não possui cor de pele, raça ou gênero, portanto um preto velho ou um caboclo não são outra coisa senão formas de manifestação desses Espíritos, que escolheram essa roupagem como mecanismo mais apto a se comunicar.

A forma simples e pura na fala de um preto velho ou o sotaque forte e firmeza das palavras de um caboclo, são ferramentas que vibram direto ao coração das pessoas mais simples.

Muitos pretos velhos sequer foram escravos ou o foram num passado distante, outros passaram pela experiência de lidar diretamente com os sofrimentos das pessoas como médicos, outros não tiveram sequer papel de destaque social em suas últimas encarnações, tais como professores, donas de casa, simples serviçais, porém essas abnegadas almas a serviço do Cristo, aprenderam a falar de alma para alma, de coração á coração as pessoas necessitadas.

Bem como, muitos cabolcos sequer foram índios, ou ocuparam a posição de médicos, pagés, sacerdotes de outras etnias religiosas, enfermeiros, pedagogos, etc, porém, estabelecem por esse elo de comunicação oferecido pela universalidade da Umbanda que abriga em seu seio todas as classes sociais, uma forma de aproximação aos corações que clamam ajuda.

Ressalta-se que as possibilidades de auxílio são infinitas assim como a Benevolência Infinita de nosso Monarca Supremo, que sempre coloca em nossas mãos oportunidades incalculáveis para nossa redenção e evolução espiritual.

Podemos observar, que algumas pessoas são mais sensíveis ao fenômeno Espírita por ouvirem o conselho de um preto velho, que fala direto ao coração, pedindo para acender uma vela e perdoar, o mesmo se passa com os caboclos que oferecem conhecimentos de manipulação de ervas, nos quais as pessoas demostram um aumento de sua fé, quando escutam o caboclo Pena Verde ou qualquer outro nome, lhe dizer para fazer um banho com certas ervas para determinado mal que lhe sucede, obviamente interferindo por sua fé aumentada, diretamente no processo de cura.

As várias formas de manifestação que a Umbanda universalista oferece são como meios para que esses Espíritos abnegados, possam levar sua mensagem de amor ao próximo. Todos já viveram a experiência na matéria e tiveram grande aprendizado, foram pessoas como nós outros, mas que aprenderam a suplantar a dor em nome da resignação e demonstração de amor e fé ao Deus Criador, e agora, fazendo jus á sua ascensão na escala evolutiva, voltam para auxiliar seus irmãos que ainda sofrem perdidos na matéria ilusória.

> *"...a consonância entre o Espiritismo e o Cristianismo ressalta, perfeita, em cada estudo correto que se efetue, compreendendo-se na mensagem de Allan Kardec a chave de elucidações mais amplas dos ensinos de Jesus e dos seus continuadores... Cada médium é mobilizado na obra do bem, conforme as possibilidades de que dispõe"* Emmanuel
>
> Seara dos Médiuns - Francisco Candido Xavier ditato pelo Espírito Emmanuel

O que são oferendas, etc, sob a ótica Espírita?

> *"Dai ao Senhor a glória devida ao seu nome; trazei oferenda, e entrai nos seus átrios"*
> Salmos 96: 8

As oferendas não são tratadas pela ótica Espírita como assunto relevante para Espíritos de natureza elevada, enquadram o tema a Espíritos vinculados á matéria ou de baixa evolução Espiritual.

Na Umbanda, como postulado intrínseco de sua filosofia universalista e de proximidade com as pessoas simples, o dogma das oferendas é tratado como uma das muitas ferramentas de amparo e auxílio aos necessitados.

São utilizados oferendas á diversos tipos de entidades ou Orixás, variando conforme os tipos de energias que se deseja manipular para os resultados propostos.

O objeitvo, portanto, para as referidas oferendas é a canalização do pensamento ou a condensação dos fluídos materiais com a intenção de se produzir o auxílio necessário.

No mundo Espiritual o veículo de transmissão da vontade é o pensamento, é como se fossem as mãos do Espírito quando necessita realizar alguma tarefa. Quanto mais desmaterializado, ou seja, quanto mais elevado for o Espírito, menos contato com a matéria bruta ocorrerá em se tratando de realização de tarefas.

Nesse sentido, podemos fazer uma análise que quanto mais próximo da matéria o Espírito está na escala evolutiva maior será sua dependência dela, por conseguinte menor sua habilidade de manipulação do pensamento e direcionamento da vontade, entende-se por esse prisma que sendo a terra ainda um mundo de provas e expiações, significando que o número de Espíritos encarnados e de maior elevação espiritual não representa uma coletividade numerosa, portanto, a maioria da população terrena ainda é apegada á matéria,.

Ocorre que muitas almas encarnadas possuem imensa dificuldade de entender a fluidez do pensamento, e geralmente necessitam de algo material como canal veiculador dele, ou seja, algo material para dirigir seu pensamento e canalizar a força de sua vontade.

É assim que algumas pessoas podem realizar uma oração de magnífica grandeza e de coração puro quando acendem uma vela, outras fazem uma oferenda ao povo do mar, por exemplo, com tamanha dedicação que é inimaginável a quantidade de bons fluídos resultantes desse ato, o mesmo pode ocorrer com uma oferenda aos caboclos das florestas e assim por diante.

Para as pessoas que realizam as oferendas, o contato com algo material, funciona como um dínamo capaz de aumentar sua capacidade de direcionamento do pensamento, em outras palavras, funciona como um recurso auxiliar para aumentar sua fé. Para os Espíritos no qual são realizadas as oferendas, os mesmos podem utilizar os fluídos dos materiais utilizados nas oferendas como um catalizador de energias para o propósito que se realiza.

Ressaltando que os Espíritos não necessitam de algo material para suas funções, para eles a intenção no coração e a força de vontade ou fé na Providência Divina é o recurso necessário em todas as situações.

"Longe de pleitear quaisquer prerrogativas, não enviou substitutos ao Calvário ou animais para sacrifício nos templos e, sim, abraçou, ele mesmo, a cruz pesada, imolando-se em favor das criaturas e dando a entender que todos os discípulos serão compelidos ao testemunho próprio, no altar da própria vida"

Pão Nosso - Francisco Candido Xavier ditato pelo Espírito Emmanuel

Como são vistos os seres fantásticos (lendas), na visão espírita?

"Na mesma hora apareceram uns dedos de mão de homem, e escreviam, defronte do castiçal, na caiadura da parede do palácio real; e o rei via a parte da mão que estava escrevendo" Daniel 5: 5

A fenomenologia mediúnica é fato que esteve presente no cotidiano da humanidade, o homem convive com esses fenômenos desde os primeiros habitantes, o que vai mudando com o tempo é a capacidade de entendimento ou esclarecimento acerca desses acontecimentos, até mesmo a aceitação do fenômeno mediùnico como algo natural e cotidiano na vida das pessoas atuamente continua sendo um fato pouco admitido na sociedade.

Pois bem, o homem moderno está satisfatoriamente evoluído para compreender muitas coisas ao seu redor, seu mundo íntimo, o espaço sideral, entre outros campos do conhecimento e o mundo espiritual, isso resulta que seu conhecimento não é fruto de alguns anos ou décadas de aprendizado, em todas as áreas há o surgimento de novas descobertas, a somatização de novas idéias e conceitos vão ganhando forma gradativa e reformulando antigos conceitos.

Podemos imaginar que a homem de milênios de anos atrás não tinha a menor capacidade de entendimento de alguns fenômenos mediùnicos que se formos tomar questão ainda hoje são pouco compreendidos, naturalmente, tudo o que não se compreende racionalmente, a imaginação ganha asas.

Então visões de seres estranhos, monstrusos ou gigantes, homens metade animais, deuses e fadas mágicas nada mais eram que Espíritos que se apresentavam com suas características próprias porém que eram interpretadas das mais variadas formas.

Há muitos relatos em vários livros antigos em praticamente todas as culturas do planeta, de estórias ou lendas do homem em contato com seres alados, seres dos mares, deuses que vinham do céu para dominar o homem, criaturas que saim do fundo da terra para aterrorizar, outras para auxiliar, etc, belas, exageradas, bizarras ou atormentadoras estórias, todas porém, carentes de uma análise mais profunda do ponto de vista da razão, obviamente não podemos entender essas lendas sem o crivo da razão, senão seria crer no sobrenatural baseado em relatos e não em fatos, um contrasenso para o espírito crítico, denotando uma simples abstração, e não um pensamento lógico racional.

Deve-se levar em conta que o Espíritismo não aceita a fé cega como condutora do pensamento, logo, a crença nos mitos ou seres lendários não necessitam ser simplesmente rejeitados, contudo também merecem um estudo a ponto de nortear como suas bases se sustentam. Muitos desses atores lendários, mitológicos foram apresentados em suas épocas e interpretados sob diversas formas, hoje, porém não podemos seguir a mesma forma de interpretação, sob o risco de cairmos na falta de senso, aumentando as superstições já existentes.

Portanto, as lendas ou mitos podem possuir certos fundamentos por sua existência, por isso continuam vivos no imaginário popular, nota-se acrescentar a isso a prudência de analisar esses fatos sob o aspecto de sua natureza, procurando extrair do meio das fantasias, algo mais real, usando os meios racionais próprios e o auxílio dos estudos da fenomenologia mediúnica como recurso adicional para não cair na imaginação fértil que a obscuridade pode gerar.

> *537. A Mitologia dos antigos é inteiramente fundada sobre as idéias espíritas, com a diferença de que consideravam os Espíritos como divindades. Ora, eles nos representavam esses deuses ou esses Espíritos com atribuições especiais. Assim, uns eram encarregados dos ventos, outros do raio, outros de presidir à vegetação etc. Essa crença é destituída de fundamento?*
> *— Tão pouco destituída de fundamento que está ainda muito aquém daverdade.*
> O Livro dos Espíritos – Allan Kardec

Por que a Doutrina Espírita demorou tanto a surgir e por que não surgiu em uma cultura que tinha por natural a sucessão de vidas, a exemplo do Egito, Índia, Japão e outros povos antigos e atuais?

"Por isso lhes falo por parábolas; porque eles, vendo, não vêem; e, ouvindo, não ouvem nem compreendem"
Mateus 13: 13

Uma das revelações Divinas é o Espiritismo, porém, é sabido que em todas as épocas a humanidade recebeu revelações através dos muitos emissários Divinos como Krishna, Buda, Moisés, Jesus, etc, porém o que eles ensinavam não era todo assimilado por seu povo na época devido ao grau de desenvolvimento moral e intelectual ainda inferiorizados.

Históricamente podemos apontar algumas civilizações que tiveram acesso a conhecimentos relacionados ao Espírito, reencarnação e mediunidade , porém devido ao orgulho e egoísmo iminente do coração desses povos, esse manancial de revelações foram deturpados.

Os egípcios antigos possuiam avançada ciência da vida e da morte, porém era restrita ao templo á apenas alguns privilegiados que denominavam de "iniciados". Para o restante da população era difundida a falsa crença da metempsicose, ou seja, de que a alma reencarna em animais por determinação dos deuses. De tão forte foi a veiculação desta falsa crença que ainda hoje existem correntes de pensadores que defendem a idéia de que após a morte do corpo físico o homem volta a reencarnar no corpo de algum animal, contrariando a Lei da evolução e progresso Espiritual.

Na antiga India, os gurus espirituais acabaram organizando a sociedade em castas, separando a coletividade em classes com privilégios absolutos, e outras classes inferiores que nunca poderiam pertencer a outras classes, como uma espécie de condenação eterna por determinação dos deuses, ainda vigente nos dias atuais. Os antigos escritos sânscritos deixaram profundos ensinamentos de conscientização espiritual, no qual temos acesso a alguns fragmentos, porém, também foram desvirtuados seu conceito mais nobre para ascensão espiritual ao negar a evolução à irmãos de outras classes sociais.

No Japão, depois de séculos em regime feudal, guerreando com os vizinhos chineses e coreanos, logo entra em processo armamentista expansionista culminando na segunda guerra mundial, certamente não era uma região propícia a se propagar uma filosofia espiritualista. Uma região onde predominantemente impera forças armamentistas como mola propulsora do desenvolvimento da Nação, por questões de natureza filosófica muito distintas, é considerado incompatível com o chamado de uma paz redentoda no auxilio aos mais necessitados.

A França do século XIX estava em completa expansão da cultura e artes advindo da revolução industrial que trouxe grandes transformações sociais, era a metrópole intelectual, filosófica e cultural do mundo na época. Filósofos e pensadores por toda a Europa começavam a debater e questionar os vários problemas que atingem a humanidade e desafiam o homem.

Um desses pensadores foi Allan Kardec que organizou um minucioso trabalho de entendimento de um fenômeno que borbulhava por todas as partes, os fenômenos das mesas girantes. Portanto, seria a região que melhor abrigaria as condições para o surgimento de uma forma de pensamento religioso baseado em um pilar mais racional, sem as amarras dos dogmas e superstições que prendem o coração e o pensamento.

Deve-se notar que além da região mais propícia para o surgimento dessa magnífica estrutura de entendimento de Deus e do homem, é de considerar que sem o esforço herculíneo de um abnegado trabalhador, nada teria ocorrido, e possivelmente o espiritismo não teria se desenvolvido e tampouco seria conhecido como hoje é.

Allan Kardec, podemos dizer, foi o homem que trouxe razão á fé Cristã, mudou a forma de pensar sobre a religião, sem dúvida Kardec foi um missionário do Cristo, que trouxe ao mundo a revelação do Consolador por Ele prometido.

Finalmente hoje no Brasil, o Espiritismo é bastante consolidado e amplamente difundido seus conceitos e com vasta rede de estudos espíritas, sem contar os muitos centros de estudos iniciados por brasileiros que vivem no exterior e auxiliam na divulgação do Espiritismo e do espiritualismo em geral pelo mundo afora, instintivamente o povo brasileiro espalha o Evangelho Cristão em todos os lugares, porque esse povo muito ligado a sua cultura, naturalmente a leva para qualquer lugar.

Encontramos na obra de Humberto de Campos "Brasil – Coração do Mundo Pátria do Evangelho" uma referência muito rica e explicativa sobre a missão Espiritual do Brasil em relação á continuidade não apenas da fenomenologia mediùnica, mas da revitalização do Cristianismo primitivo, podemos afirmar seguramente, que o Espiritismo no Brasil possui sua roupagem baseada no aspecto Cristão, através de estudos do acervo Espírita ao longo de anos de psicografias de nobres servidores do Rabi da Galiléia, busca-se a aproximação e vivência dos conceitos Cristãos em sua essência.

Humberto de Campos nos esclarece ainda, que a Pátria do Evangelho, traz consigo as mais abrangentes formas de expressões de caridade e fraternidade no seio de seu povo acolhedor.

> *"Consolidadas as primeiras construções basilares de Ismael na Pátria do Cruzeiro, o Espiritismo derramou seus frutos sazonados e doces no coração da coletividade brasileira. Em seu seio, nas grandes sociedades e nos lugarejos obscuros, a doutrina consoladora apresentou sempre as mais belas expressões de caridade e de fraternidade. Jesus, com as suas mãos meigas e misericordiosas, fez reviver no país abençoado dos seus ensinamentos as curas maravilhosas dos tempos apostólicos. Abnegados médiuns curadores, desde os primórdios da organização da obra de Ismael nas terras do Brasil, espalharam, como instrumentos da verdade, as mais fartas colheitas de bênçãos do céu, iluminando todos os corações. Curando os enfermos, os novos discípulos do Senhor restabeleciam o espírito geral para a grande tarefa; vestindo os andrajosos, tocavam as almas de uma nova roupagem de esperança"*
> Brasil Coração do Mundo, Patria do Evangelho – Francisco Candido Xavier ditado pelo Espírito Humberto de Campos

O Espiritismo em suma, não estabelece dogmas para sua atuação, justamente com o objetivo de eliminar qualquer barreira que possa ser apoiada pelo orgulho e egoísmo de algumas coletividades que podem querer estipular essa doutrina como uma seita exclusivista. Ela tem por base a fé raciocionada e segundo seu fundador Allan Kardec, é ao mesmo tempo, uma ciência de observação e uma doutrina filosófica.

O Espiritismo não ocorreu por acaso, foi o resultado de um planejamento minucioso da Espiritualidade Superior, onde o próprio Cristo já anunciava a vinda do Consolador prometido que viria a esclarecer muitos pontos que ainda não teriam condições de entender á sua época, e surgiu justamente em um tempo em que a humanidade teria condições de começar a entender os muitos aspectos que envolvem o conhecimento do homem e seu papel na criação.

> *"Os Espíritos do Senhor, que são as virtudes dos céus, como um imenso exército que se movimenta, ao receber a ordem de comando, espalham-se sobre toda a face da Terra. Semelhantes a estrelas cadentes, vêm iluminar o caminho e abrir os olhos aos cegos"* O Espírito de Verdade
>
> O Envagelho Segundo o Espiritismo – Allan Kardec

Qual a diferença entre possessão e obsessão?

> *"E foram ter com Jesus, e viram o endemoninhado, o que tivera a legião, assentado, vestido e em perfeito juízo, e temeram"*
>
> Marcos 5: 15

Ambas são formas de dominação do qual Espíritos ainda na escuridão de sua consciência, sintonizam-se com os homens também desavisados de sua vigília ou com pesados encargos contraídos nessa ou outras vidas, no qual o algoz ou vítima, conforme as circuntâncias faz lembrar ao alvo de seus desejos, o acerto de contas, trazidos pelo ódio e desejo de vingança.

A obsessão então seria uma forma mais branda de sintonia, no qual o Espírito vingativo, inspira idéias intermitentes para que a pessoa possa agir de forma a lhe prejudicar das mais variadas formas, até mesmo tirando a própria vida, obviamente esse tipo de inspiração não impede que o praticante de algum delito, se julgue inabilitado para a culpa de seu ato, por que cedeu a inspiração de um mal feitor, sempre ele terá o poder de decisão em suas mãos, já que o Espírito humanizado possui o livre arbítrio na escolha por seus atos.

Na possessão, o domínio e controle é muito mais acentuado, por complexos mecanismos da mediunidade, o Espírito obsessor domina quase que por completo e toma conta de vasta área mental do encarnado, comandando a maior parte de suas funções motoras e outras funções de comunicação e expressão, nitidamente apresenta-se como outro Espírito em posse de um corpo que não lhe pertence.

Porém, como dito anteriormente é um processo mediúnico muito complexo, de grande sintonia entre o obsessor e obsidiado, para se chegar a esse estado de dominação, o Espírito obsessor teve muitas oportunidades de controle, iniciando sempre de forma branda por inspiração, no qual a "vítima" vai cedendo o controle, até a total possessão.

Lembramos que nem todos os casos de obsessão ou até mesmo possessão ocorrem apenas em processos vingativos, ou com encargos cármicos entre os Espíritos, a mediúnidade é um canal de comunicação com o mundo Espiritual, o Rabi da Galiléia recomendou "vigiar e orar", significa estar atento para que estejamos sintonizados com as esferas mais elevadas de pensamentos, em detrimento de prazeres menos nobres.

A aproximação com Espíritos carregados de vícios e sedentos para satisfazer suas paixões e desejos, encontram sintonia de vibração em nosso mundo íntimo, ou seja, alimentamos desejos que esses Espíritos da escuridão apreciam e incentivam para que busquemos a satisfação desses sentimentos menos dignos, indiretamente incentivam e se comprazem com nossas fraquezas, estabelecendo ai, o elo de ligação entre a entidade mal feitora e o obsidiado, em primeiro momento obsediam e alguns casos entram em possessão.

Uma vez bloqueado no coração e nos pensamentos o elo de ligação entre o obsessor e a vítima, termina a sintonia, ambos não podem mais continuar ligados nos processos obssessivos por uma questão de fácil assimilação: falta de sintonia entre obsessor e obsidiado.

A forma de cortar o elo de ligação, ainda é a receita do Cristo, no qual falamos: vigiar; em outra palavras conhecer a si mesmo de forma a buscar uma reforma interior que lhe permita a conscientizaçao do ser espiritual que habita dentro de si, lutar contra a própria inferioridade presente em todos os seres na atual fase da humanidade que progride gradativamente, porém não sem esforço pessoal, e orar significando desta forma estar sintonizado com as esferas mais altas de padrão moral em busca do progresso interior, é estar vigiando os pensamentos para que não comungue com nada que signifique detrimento na evolução, ou seja, para que não multiplique o orgulho, a vaidade, a arrogância e a maledicência, é procurar cultivar no coração sentimentos mais nobres de paz, amor, perdão e resignação á vontade do Criador que a tudo assiste e ampara conforme Seus Desígnios.

'Disso resulta um ensinamento de grande alcance, o de que as imperfeições morais dão acesso aos Espíritos obsessores, e de que o meio mais seguro de livrar-

-se deles é atrair os bons pela prática do bem. Os Espíritos bons são naturalmente mais poderosos que os maus e basta a sua vontade para os afastar, mas assistem apenas aqueles que os ajudam, por meio dos esforços que fazem para melhorarem"

O Livro dos Médiuns – Allan Kardec – Cap 23 – Da Obsessão

Como se explica o desejo que algumas pessoas relatam de querer fazer o mal para outros? Pode-se evitar esse desejo?

"Porque não faço o bem que quero, mas o mal que não quero esse faço"

Romanos 7: 19

Origina-se da própria inferioridade do homem.

Fazer o mal aos outros está no caminho contrário ensinado pelo Messias, Ele ensinou fazer o bem aos inimigos, senão que benefício teria fazer o bem somente aos que nos são queridos?

E é justamente nessa afirmação que se encontra o ponto central da questão: o desejo de fazer o mal, no qual é resultante do desconhecimento dessa máxima do Rabi.

Naturalmente somos impelidos a dar vazão aos nossos sentimentos animalizados presente no inconsciente primitivo sempre que ameaçados em nossas fraquezas, por exemplo, se somos feridos física ou moralmente, ao primeiro impulso se sobressae a cólera e o desejo de revidar, isso chama-se vingança, filha do orgulho ferido.

Se não controlamos e transformamos o impulso primitivo interno caracteriza por nossa energia pessoal, essa se exterioriza na forma de sentimentos destrutivos, os atos praticados em momentos de fúria que podem prejudicar ou até mesmo destruir a vida alheia, antes de qualquer coisa já fez mal a quem a possui, desencadeando fluxos energéticos venenosos no campo perispiritual do encarnado no qual fatalmente se converterá em enfermidades de grande desenvoltura; é uma chaga aberta na alma que culmina na cristalização do orgulho balançado em suas bases, por isso a revanche em não permitir que o centro de todos os sentimentos menos dignos seja alvejado pelo inimigo no qual resultaria a perda do prestígio ilusório.

Muitos se comprazem em fazer o mal conscientemente, alguns casos podem ser abordados na esfera da medicina comportamental, carecendo de tratamentos intensivos e uso de medicamentos específicos, outras casos ainda mais graves recomenda-se o isolamento do contato com a sociedade; são outros casos de psicopatas comprovados, no qual respondem de maneria muito diferente que uma pessoa comum ás questões que envolvem dor e sofrimento alheio.

Como fator preponderante da sintonia de pensamentos, é forçoso notar que tais hábitos indignos da natureza humana colaboram para a comunhão de Espíritos menos adiantados na escala evolutiva, vale dizer; quando desejamos o mal a alguém, não estamos sózinho na empreitada. Podemos lembrar o Apóstolo dos gentios na carta aos Hebreus onde encontramos a afirmação que estamos sempre rodeados por uma multidão de testemunhas.

> *...pois que estamos rodeados de uma tão grande nuvem de testemunhas*
> Hebreus 12: 1

Nosso padrão comportamental nos proporciona as testemunhas que queremos em nossa jornada, se desejo me vingar, estarei sendo aliciado e incentivado por Espíritos vingadores, se desejo fazer o mal em qualquer grau que seja, estarei sendo instruído e incentivado por Espíritos que se comprazem nessa atividade, obviamente o contrário também se sucede: Se penso em progredir, melhorando meus sentimentos e pensamentos, é certo que estará ao meu lado Espíritos benevolentes incentivando e orientando para que não percamos o caminho da redenção.

Em todos os atos e pensamentos mesmo que não exteriorizados, faz com que compartilhamos nossos desejos pelo processo de sintonia ou de padrão vibracional, que reflete o tipo de Espírito que estou na escala evolutiva.

Vale dizer que nenhum ser humano está sozinho em qualquer empreitada de natureza boa ou má, o isolamento em si mesmo é contrário a Lei Natural, somos impelidos a aproximar nos uns dos outros por nossos laços de sentimentos, é por isso que existem quadrilhas de Espíritos voltados ao mal tanto no mundo material quanto no mundo Espiritual, e o mesmo se dá com falanges de Espíritos abnegados ao bem.

Nos parece que novamente após essas afirmativas, o remédio para se evitar fazer o mal a outras pessoas é justamente a fórmula do

Cristo já descrita em algum momento deste trabalho: reforma íntima objetivamento a reconstrução do padrão mental viciado por séculos de reencarnações na mesma faixa vibratória, e vigiar e orar no sentido de cuidar dos prórprios pensamentos e sentimentos menos dignos, para que não nos dominem, assim como se adestram animais selvagens, os sentimentos menos nobres também necessitam adestramento para que não nos comportemos na lembança de eras primitivas de nossa existência, e orar de forma a estar em permanente contato com a divindade que habita em nós.

> *465. Com que fim os Espíritos imperfeitos nos induzem ao mal?*
> *— Para vos fazer sofrer com eles.*
> Capitulo II – Influência Oculta dos Espíritos Sobre os Nossos Pensamentos e as Nossas Ações.
> O Livro dos Espíritos – Allan Kardec

O que é o purgatório e quanto tempo os Espíritos ficam nele?

"A obra de cada um se manifestará; na verdade o dia a declarará, porque pelo fogo será descoberta; e o fogo provará qual seja a obra de cada um"
1 Corintios 3:13

O purgatório é uma referência oriunda da tradição católica onde as almas dos mortos que ainda não alcançaram a Graça Divina, atormentadas por seus pecados ficam em algum lugar no mundo espiritual á espera do julgamento final.

Esta é uma referência apenas sintética, porém não está tão distante da reflexão da doutrina Espírita quando faz menção ao Umbral, obviamente algumas particularidades devem ser identificadas. Já fizemos neste trabalho uma menção sobre esta temática, vide pergunta: O que é Umbral?

Podemos ter em mente que uma grande porcentagem de escolas religiosas fazem menção á lugares ou estados de consciências onde as almas dos mortos fazem estadia, antes de alcançarem um estado definitivo de sua nova posição pós morte, obviamente cada qual explicando á sua maneira e conforme seus dógmas e entendimento próprio das questões espirituais, porém não menos desmerecida ou desacreditada também essa forma de lucidez acerca da vida pós morte.

As almas dos homens quando deixam o vaso de carne, não perdem automaticamente, suas dores, agonias, enfermidades, medos e remorsos, significa então que nosso estado de espírito nos acompanha no além túmulo. Aliado á esse estado doentil, a falta de esclarecimento da vida futura, a crença do nada após a morte, colabora em muito com o grande despertar decepcionante das almas que acreditam que com a morte tudo se acaba.

Acordam após o sono definitivo em um novo estado de consciência, porém para sua surpresa, absolutamente nada foi mudado, continuam a respirar, a sentir o coração batendo, sentem dores, fome, sede, desejos e saudades de seus entes queridos, o apego á matéria é o responsável por essas sensações.

Pela similaridade de sentimentos e pensamentos esses Espíritos são direcionados á essas zonas mais densas do mundo sutil, onde suas mentes desequilibradas necessitam de um tempo para se reajustar á nova realidade que se vislumbra á sua frente. Então a consciência segue pulsante, mais viva, mais ou menos liberta da mátéria, porém não menos liberto de sua própria ignorância acerca do mundo que os rodeia.

A natureza não cria nenhuma forma de energia, mas a transforma, seguindo esse princípio, nos força a razão a pensar que após o esgotamento físico do corpo, a consciência, ou alma, ou espírito, ou qualquer outro nome que se queira usar, deve obedecer á esse processo natural de transformar seu estado vibracional, migrando sua atuação do mundo de matéria mais grosseira para o mundo de matéria sutil.

É assim que pelos ensinamentos da Doutrina Espírita, a morte do corpo não é o fim da vida, mas a continuação dela em outro plano de matéria, ainda grosseira em relação aos mundos mais adiantados, porém mais sutil em relação ao nosso mundo material, onde o Espírito pode gozar de maior liberdade fora dos limites estabelecidos no corpo e reassumir sua posição de Espírito imortal.

Nessas zonas densas do mundo espiritual, as mentes desequilibradas criam as sensações, moldam o ambiente e se auto punem pela consciência atormentada, cada alma carrega as dores e arrependimentos de tudo que fizeram durante a vida, constituindo dessa maneria o "purgatório" ou mais especificamente o expurgo mental de suas energias deletérias.

Enquanto durar a cristalização mental em pensamentos e sentimentos de natureza pouco nobres, a alma continuará presa á sua própria infelicidade. Para alguns Espíritos sua estadia no Umbral é apenas questão de despertar consciencial, para outros é lugar de fuga para evitar o enfrentamento de suas próprias faltas, comprazem-se em manterem-se presos a essas zonas pelo efeito ilusório de estarem á serviço das sombras, pertencentes a grupos de outros Espíritos em processos de grandes desvarios mentais, nos quais escravizam os seus semelhantes na ilusão de continuidade do poder que possuiam quando encarnados.

São seres muito atrasados em seu processo evolutivo, preferem manter-se atavados ao mal, ao ódio e á vingança, e por estarem mais tempo no mundo espiritual possuem maior liberdade de uso de suas faculdades Espirituais, desta maneira arrastando para seu rebanho os desavisados, os descrentes, os assassinos, os corruptos, os psicopatas de toda ordem, os viciados, os suicidas e os que se comprazem nas sombras, em sua própria inferioridade, enfim, toda espécie de seres que praticaram e conservaram em vida atitudes, sentimentos e pensamentos indignos da natureza do homem de bem.

É importante notar, que o Espírito sempre possui o livre arbítrio, essa faculdade oriunda das primeiras realizações racionais do homem, herdada ao longo dos milênios pela Misericórdia Divina, traça a capacidade que cada um tem de eligir a qualquer momento, a decisão de cessação ou prolongamento de sua própria infelicidade, de seu próprio destino.

Com o tempo, cada um dos habitantes das zonas mais densas do mundo espiritual, despertam para a realidade de sua consciência amargurada nos abismos das dores, e se vêem na posição de pobres Espíritos carentes de luz e paz, um verdadeiro suplício que os afasta da felicidade eterna, assim; claman ao Criador o perdão, e o Pai que nunca abandona a nenhuma de suas criaturas, envia o auxílio necessário para essa estrela apagada por seu próprio distanciamento da luz Maior.

> *"O Umbral – continuou ele, solícito – começa na crosta terrestre. É a zona obscura de quantos no mundo não se resolveram a atravessar as portas dos deveres sagrados, a fim de cumpri-los, demorando-se no vale da indecisão ou no pântano dos erros numerosos."*
> Nosso Lar – Francisco Candido Xavier ditato pelo Espírito André Luiz

A Doutrina espirita fala sobre o homossexualismo? É a favor ou contra?

"E ambos estavam nus, o homem e a sua mulher; e não se envergonhavam"
Gênesis 2:25

Antes de entrar na questão propriamente dita, mister se faz uma pequena menção em relação ao termo empregado. A palavra homossexualismo, está na origem contida no gênero de doenças mentais aplicados segundo a tabela da CID – Código Internacional de Doenças. Porém em 1990, após pressões de muitos grupos ativistas ao redor do mundo, a OMS – Organização Mundial da Saúde, retirou de seus anuários classificatórios o termo homossexualismo que até então era tratado como patologia de ordem mental. Portanto para este trabalho, em conformidade com os pressupostos vigentes não usaremos o termo homossexualismo e sim homossexualidade.

A homossexualidade sempre foi e ainda é um tabu em praticamente quase todas as escolas religiosas, fecham os olhos a esse tema com a intenção de que ele desapareça. Não funciona dessa maneira, no caso do Espiritismo podemos dizer estamos iniciando um processo de busca e entendimento, principalmente pela manifestação pública de alguns grandes ícones Espíritas que buscam enxergar as necessidades do Espírito em detrimento das convenções formais da natureza humana.

Ser a favor ou contra a manifestação homossexual não pode ser entendindo como uma resposta simples onde de uma lado temos os defensores e de outro lado temos os pensadores contrários á esse tema, a questão é muito mais complexa e envolve análises muito mais profundas de natureza psicológica, social e espiritual.

A homossexualidade sempre esteve presente na história da humanidade, algumas culturas antigas eram permissivas ao convívio entre heterossesuais e homossexuais, como os gregos do século IV a.C, outras muito mais endurecidas como os romanos que não aceitavam qualquer conduta que desvirtuasse a masculinidade e honra dos homens que faziam parte do todo poderoso exército romano.

Sendo assim, podemos dizer que é notório sempre ter existido convulsões nas relações sociais de todas as ordens e em todas as esferas, entidades e grupos sociais, de pessoas que ao longo de suas conquistas, dores e conflitos internos, manifestavam suas tendências homoafetivas, inclusive em muitas escolas religiosas encontramos casos não divulgados de relações homossexuais entre os seus adeptos, porém não faz parte desse trabalho tratar das questões psicológicas ou sociais que envolvem o tema, apenas uma pequena participação em relação ao quesito da temática na Doutrina Espírita.

Sob o aspecto do pensamento Espírita, podemos afirmar que em cumprimento da doutrina Cristã, temos a obrigação de acolher e confortar a todos como revelado pelo Envangelista Mateus onde o Mestre nos incita a buscar "as ovelhas perdidas da casa de Israel".

"Mas ide antes às ovelhas perdidas da casa de Israel"
Mateus 10: 6

O Espírito mais ilumunado que pisou neste planeta, não fazia distinção entre as pessoas, a posição social, poder político ou religioso, até mesmo nos parece, praticamente por ele era desprezado, em contra-partida os desvalidos, os enfermos, os esquecidos pela sociedade em geral eram seus prediletos, e a todos curava, a todos aconselhava, e acima de tudo, lhes exortava a buscar "o reino de Deus no coração" de forma a entendermos que somos todos irmãos em evolução na escola terrestre.

"porque eis que o reino de Deus está entre vós"
Lucas 17:21

Colaborando em nosso raciocínio, temos a menção de Allan Kardec sobre o gêneros dos espíritos, se podemos assim dizer, tratado no Livro dos Espíritos, questão número 200, no Capítulo VI – Sexo dos Espíritos, onde categoricamente afirma que os Espíritos não possuem sexo da maneira como conhecemos, portanto o Espírito não é considerado homem ou mulher, são apenas Espíritos que se afinizam na lei do amor, nada mais.

200. Os Espíritos têm sexo?
— Não como o entendeis, porque os sexos dependem da constituição orgânica. Há entre eles amor e simpatia, mas baseados na afinidade de sentimentos.

E ainda continua afirmando, na sequência, que os Espíritos podem animar corpos de homens e mulheres, o que na verdade não importa, visto eles não terem sexo, o que é considerado são as provações e formas de progresso a que estarão submetidos, os Espíritos devem progredir em tudo, portanto, não faz sentido abrigar apenas corpos de homens ou corpos de mulheres.

Finalmente, o tema homossexualidade deve ser tratado com maior aprofundamento e caridade fraternal pelas escolas religiosas, o fenômeno é mundial e não podemos dizer que isso não existe ou simplesmente relegar á questão ao contexto de patologias psicológicas como temos feito ao longo dos anos, mister se faz em primeiro lugar o acolhimento, o entendimento e por ultimo uma compreensão de todos liames que trazem á tona essa temática á luz do pensamento Cristão, que deve acolher em seu seio todos os que buscam o bálsamo das mensagens de nosso Divino Mestre; obviamente, essa faculdade independe do gênero, posição social ou opção sexual, muito ao contrário, depende apenas da intenção do coração que busca alcançar a graça de Deus.

> *"Atendendo à soma das qualidades adquiridas, na fieira das próprias reencarnações, o Espírito se revela, no Plano Físico, pelas tendências que registra nos recessos do ser, tipificando-se na condição de homem ou de mulher, conforme as tarefas que lhe cabe realizar. Além disso, a individualidade, muitas vezes, independentemente dos sinais morfológicos, encerra em si extensa problemática, em se tratando de vinculações e inclinações de caráter múltiplo. Cada pessoa se distingue por determinadas peculiaridades no mundo emotivo".* – *Em torno do Sexo* – Emmanuel
>
> Vida e Sexo – Psicografia de Francisco Cândido Xavier pelo Espírito Emmanuel

Referências Bibliográficas

DENIS, León. O problema do ser, do destino e da dor. Publicação original: LE PROBLÈME DE L'ÊTRE ET DE LA DESTINÉE Paris – 1922. Rio de Janeiro: FEB, 2013.

FRANCO, Divaldo Pereira. Painéis da Obsessão. Pelo Espírito Manoel P. De Miranda. Salvador BA: Editora Leal, 1984

FRANCO, Divaldo Pereira. Vida Feliz. Pelo Espírito Joanna de Ângelis. Salvador BA: Livraria Espírita Alvorada, 1992.

KARDEC, Allan O Livro dos Espíritos: princípios da Doutrina Espírita. Trad. de Guillon Ribeiro. 86. ed. Rio de Janeiro: FEB, 2005.

KARDEC, Allan. O Livro dos médiuns ou Guia dos médiuns e dos evocadores. Trad. de Guillon Ribeiro da 49. ed. francesa. 76. ed. Rio de Janeiro: FEB, 2005.

KARDEC, Allan. O Evangelho segundo o Espiritismo. Trad. de Guillon Ribeiro da 3. ed. francesa rev., corrig. e modif. pelo autor em 1866. 124. ed. Rio de Janeiro: FEB, 2004.

KARDEC, Allan. A Gênese: os milagres e as predições segundo o Espiritismo. Trad. de Guillon Ribeiro da 5. ed. francesa. 48. ed. Rio de Janeiro: FEB, 2005.

KARDEC, Allan. O céu e o inferno ou A Justiça divina segundo o Espiritismo. Trad. de Manuel Justiniano Quintão. 57. ed. Rio de Janeiro: FEB, 2005.

KARDEC, Allan.O que é o Espiritismo: noções elementares do mundo invisível, pelas manifestações dos Espíritos. 52. ed. Rio de Janeiro: FEB, 2005.

KARDEC, Allan. Obras póstumas. Traduzida da 1. ed. francesa por Guillon Ribeiro. 37. ed. Rio de Janeiro: FEB, 2005.

XAVIER, Francisco Candido. Palavras de Vida Eterna. Pelo Espírito Emmanuel. Editora CEC, 1964.

XAVIER, Francisco Candido. Mediunidade e Sintonia. Pelo Espírito Emmanuel. Editora CEU, 1986.

XAVIER, Francisco Candido. Seara dos médiuns: estudos e dissertações em torno da substância religiosa de O Livro dos Médiuns, de Allan Kardec. Pelo Espírito Emmanuel. 17. ed. Rio de Janeiro: FEB, 2006.

XAVIER, Francisco Candido. Nosso lar. Pelo Espírito André Luiz. 56. ed. Rio de Janeiro: FEB, 2006

XAVIER, Francisco Candido. Pão nosso. Pelo Espírito Emmanuel. 26. ed. Rio de Janeiro: FEB, 2005

XAVIER, Francisco Candido. Cartas de uma Morta. Pelo Espírito Maria João de Deus. São Paulo. ed. Lake, 1935

XAVIER, Francisco Candido . Religião dos Espíritos: estudos e dissertações em torno da substância religiosa de O Livro dos Espíritos, de Allan Kardec. Pelo Espírito Emmanuel.18. ed. Rio de Janeiro: FEB, 2006.

XAVIER, Francisco Candido, CUNHA, Heigorina. Cidade no Além. Ditado pelos Espíritos: André Luiz e Lucius. Publicação original (1999): Editora IDE Instituto de Difusão Espírita Edição digital © 2012 – Brasil

XAVIER, Francisco Candido. Pensamento e vida. Pelo Espírito Emmanuel. 16. ed. Rio de Janeiro: FEB, 2006.

XAVIER, Francisco Candido. Família. Espíritos Diversos. Rio de Janeiro: FEB, 1981.

XAVIER, Francisco Candido. Vinha de luz. Pelo Espírito Emmanuel. 24. ed. Rio de Janeiro:FEB, 2006.

XAVIER, Francisco Candido. O Consolador. Pelo Espírito Emmanuel. 26. ed. Rio de Janeiro: FEB, 2006.

XAVIER, Francisco Candido. Nascer & Renascer. Pelo Espírito Emmanuel. Rio de Janeiro: FEB, 1981.

XAVIER, Francisco Candido . Vida e sexo. Pelo Espírito Emmanuel. 24. ed. Rio de Janeiro: FEB, 2003.

XAVIER, Francisco Candido. Brasil, coração do mundo, pátria do Evangelho. Pelo Espírito Humberto de Campos. 30. ed. Rio de Janeiro:FEB, 2004.

Referências na Internet

Padrinho Juruá – 1956 "UMBANDA – A MANIFESTAÇÃO DO ESPÍRITO PARA A CARIDADE" MÓDULOS I, II, III e IV São Caetano do Sul, 2013 985 p. Fundação Biblioteca Nacional Escritório de Direitos Autorais Certificado de Registro ou Averbação Nº Registro: 533.475 – livro: 1024 – folha: 149

REVISTA ESPIRITA-ANO 1886-Nº 5-JORNAL DE ESTUDOS PSICOLOGICOS, http://www.institutochicoxavier.com/index.php/informativo/o-que-e-o-espiritismo-2/2218-deus-esta-em-toda-parte

Acervo pessoal do Balalorixá Paulo D`Ogum disponibilizado na página: http://umbandalinda.com/

www.ingramcontent.com/pod-product-compliance
Lightning Source LLC
LaVergne TN
LVHW051603070426
835507LV00021B/2736